dolphin
ドルフィンブックス

箸とチョッカラク

ことばと文化の日韓比較

任《Yim》　栄哲《Young-Cheol》・井出《Ide》里咲子《Risako》

大修館書店

まえがき

井出の韓国との出会いは十五年ほど前に遡《さかのぼ》る。大学の卒業旅行として中国・香港・台湾を二十日で巡る旅をした際、ついでにという感覚で付け足したのが韓国ソウルでの三日間だった。ソウルオリンピックから半年が過ぎた街は交通ストの決行中で、大学は休講、地下鉄やバスも完全にストップしていた。移動にはタクシーしか使えないので、同じ方向に向かう客を乗せる「相乗り」状態のタクシーをつかまえ、勇気を振り絞って運転手のおじさんに行き先を告げた。すると発音がひどかったのだろうか、その場で何度もくり返し発音を直された。「韓国人は日本人が大嫌いだから、日本人と知られないよう行動するように」―出国前の先輩や友人からの忠告が脳裏に浮かぶ。埃っぽいソウルの町をさまよっていると、通りすがりの大学生が今日は授業がないからと観光案内を買って出てくれた。怖いような優しいような韓国を、どう理解していいのか分からないまま帰国の途についた。

その後留学のためにアメリカに渡り、しばらく韓国とは何のご縁もなかったのだが、一九九八年にソウルに滞在する機会を得た。そこで中央《チュンアン》大《デ》学校《ハッキョ》のお世話になることになったのだが、同僚となった任《イム》栄《ヨン》哲《チョル》先生が、韓国語について何も知らない私にまず手渡してくださったのが渡辺吉鎔・鈴木孝夫両先生の『朝鮮語のすすめ』だった。ことばの研究に携わってきたものの、英語やスペイン語といった欧米のことばしか知らなかった私にとり、日本語と韓国語の類似性について知ることは、身体中の細胞がざわめき出すような驚きと衝撃を私に与えた。こんなに近いものがあったんだという、頭で理解することとは別の「目から鱗」の体験だった。

そんな似ている日本語と韓国語だったが、実際に韓国で生活をしてみると、思いがけないところで日本人と韓国人の違いに惑わされた。そうした日本人の井出の韓国での経験と、韓国人の任《イム》が日本留学中に体験したエピソードを織り交ぜながら、二人の専門である社会言語学と言語人類学の観点より日韓の言語行動の違いを分析したものが、『月刊言語』に連載させていただいた任《イム》・井出の「似ていて違う？——ことばと文化の日韓比較」（二〇〇〇年）だった。本書はその連載を下敷きにしているが、最終回で日本語と韓国語の相違点を日本の「箸」と韓国の箸である〈チョッカラク〉に喩えたところから、本書のタイトルを『箸とチョッカラク』とした。詳細は最終章に譲りたいが、「ことば」を箸という道具に見立て、それを使って「文化」という料理を味わう経験を、さまざまな読者の方にしていただきたいという願いも込められている。

日本や韓国といった国レベルに留まらず、我々人間は一人一人似ているところもあれば違うところもあるからこそ、共感したり反目しあったりするのだろう。またそれぞれの異なる経験が、時として埋めようのない溝を作り出すことも事実だろう。だが同時に違うもの同士が出会うところには、新鮮な発見があり、笑いが生まれ、それが新しい考え方を生み出す創造力や次の一歩を踏み出す原動力にもなる。

そんなことを学問だけでなく日々のレベルで教えてくださったのが共著者の任栄哲《イムヨンチョル》先生である。そして二年間の韓国滞在中、時に父や母のように、そして兄や姉のように私を受け入れ育ててくださった中央《チュンアン》大学校《デハッキョ》日語日文学《イルオイルムンハッ》科《グァ》の同僚の先生方である。さらに一緒に学び考えながら、たくさんの楽しい時間を共有した大学院生の皆さん、バスや地下鉄、タクシーの中で日本人の私に話しかけ、時に感情をぶつけてきた韓国の人々―こうした人々との出会いが、私がこの本の執筆に携わる際の原動力になっている。

私の最初の韓国旅行に比べると、今の学生たちは遥かに気楽に韓国を訪れ、とびきりの笑顔と共に日本に戻ってくる。「安くて、近くて、美味しい」韓国。映画やテレビドラマにハマっての韓国。修学旅行で訪れた韓国。なんとなく趣味で始めた韓国語。きっかけは何であれ、今や日本と韓国との関係は一時的な流行《はやり》やブームだけに留まらない。韓国をもっと、それも体温を感じる近さで知りたい。韓国をずっと知っていたい。こうした想いから日本と韓国を、さらには日本とアジアを「地続き」に感じる人々が増えてきているのではないだろうか。

この本では便宜上一貫して「日韓」ということばを使うが、日本と韓国とどちらが先でどちらが後ということは、当然ながらない。「日韓」でも「韓日」でもなく、相手の顔が見える「人」と「人」との結びつきが今後一層深まっていく上で、この本が少しでも役立ってくれればと思う。

井出里咲子

目次

箸とチョッカラク

——ことばと文化の日韓比較

I

おいしく召し上がってください

〈1〉お礼を言わない韓国人？

人と人とをつなぐあいさつ

私たちが新しいことばを学ぶ時、最初に使ってみるものはなんだろう。ドイツ語の教科書を見ても、中国語の会話本を手に取るにしても、日本語手話を習うにしても、最初にわれわれが慣れ親しむことばはあいさつではないだろうか。それは英語の“Hello”かもしれないし、スペイン語の“Buenos《ブエノス》 Dias《ディアス》”かもしれない。また両手を合わせたタイ式のお辞儀のような仕草かもしれない。それがどんなものであれ、旅先や人々との新しい出会いの場で、ひとこと言ったあいさつが、相手に通じた時の喜びを覚えている人も多いに違いない。

ここで言うあいさつとは、人と人とが出会いや別れの場などで、社交的かつ儀礼的にとり交わすことばや動作のことを指す。一般に、日常的あいさつは実質的な情報伝達機能をほとんどもたない。しかし、学校や職場などで毎日あいさつを交わしていた人が、ある日突然あいさつをしてくれなかったら、一体どう思うだろうか。その時感じる不安や居心地の悪さを思えば分かるように、あいさつは人間関係の確認や維持、そして人と人とが互いの存在を認識する上で大切な機能を担っており、私たちが社会で暮らしていく上でなくてはならないものなのだ。

一九九八年から二〇〇〇年までの二年間、筆者の井出は縁あって韓国ソウルの中央大学校《チュンアンデハッキョ》に赴任する機会を得た。しかし、金浦《キンポ》空港に降り立つその日まで、基本的あいさつことばの〈안녕하세요《アンニョンハセヨ》〉すら言えないほど、全く韓国語が分からなかった。仕方なく最初のうちは、周りの人を真似ることから始めたのだが、キャンパスで学生たちを見ていると、女子学生を中心に別れ際に〈안녕《アンニョン》！〉とあいさつをしている姿が目に入った。これは「さよなら」、そして“Good bye”の意味に違いないと見当をつけた井出は、ある日、顔見知りになった学生たちとの別れ際に、〈안녕《アンニョン》〉と手を振ってみせた。途端にその学生たちは、いっせいにおかしさを隠しきれないといった様子でクスクスと笑い出したのだ。

日本語と韓国語におけるあいさつは、欧米語はもちろんのこと、中国語と比べても類似点が多いと言われている。特に、日本語も韓国語も相手や場面により、あいさつ表現の待遇度が変わることが特徴的である。例えば、同じあいさつでも相手が目上か目下か、また場面がフォーマルかインフォーマル

かにより「よろしく・부탁해요《ブタケヨ》／よろしくお願いします・부탁합니다《ブタカムニダ》」と待遇レベルが変わる。この点で日本語と韓国語は共通しているが、韓国語で「さようなら」と言う時は、立ち去る人は残る人に〈안녕히《アンニョンヒ》 계세요《ケセヨ》〉（安寧にいてください）、一方残る人は去る人に〈안녕히《アンニョンヒ》 가세요《カセヨ》〉（安寧に行ってください）と、立場によってあいさつを使い分ける点で日本語と異なる。

　さて、学生たちが使っていた〈안녕《アンニョン》〉というあいさつは、去る人・残る人ともに使えるようだったのでその点で間違いはなかったのだが、どうやら問題はそれを井出が使ったことにあったらしい。つまり学生たちが交わしていた〈안녕《アンニョン》〉は、親しい友達同士の間だけで使えるもので、日本語で言う「バイバイ」に近いニュアンスを持っていたのだ。そのため教師の立場の井出が、学生たちに〈안녕《アンニョン》〉（バイバイ）と手を振ったのは、なんとも場違いなことであり、学生たちの目には滑稽に映ったようなのだ。

　日本語も韓国語も、敬語体系を含む待遇表現の発達した言語であり、あいさつことばにおいても相手や場面に応じたことばの使い分けがされている。しかし、こうした類似点をもつ日韓のあいさつにも相違点はあり、それが誤解や偏見の原因につながることがある。この章では日常生活の中で儀礼的に使われるあいさつの比較を通じて、日韓のことばと文化の違いを考察したい。その中で、日本語と韓国語のあいさつパターンの違いを生み出す要因について、言語ポライトネスの理論にも触れながら解釈してみたい。

●事後のお礼に日韓差？

さて筆者（井出）が勤務校を初めて訪れた時のことである。先にも述べたように韓国語ができない筆者は必要書類の準備などが一切できず、結果として学科の先生をはじめ、いろいろな人にすっかりお世話になってしまった。とりわけ学科の助教《ジョキョ》（日本語の「助手」にあたる）を務める大学院生たちは、文字通り学内を走り回って世話を焼いてくれた。学科の諸先生には日本からの手土産を用意しておいたのだが、あいにく助教たちの分は計算に入れていなかったので、その日の帰りがけに有名デパートへ立ち寄り、色とりどりのキャンディーが詰まったイギリス製のお菓子箱を買った。翌日それを助教たちに渡すと、彼らは少しはにかむように礼を言い、きれいに包装されたその包みを受け取ってくれた。

問題はそれからである。翌日、翌々日と大学で助教たちと顔を合わせて仕事をするうちに、筆者の心の中にある不満が募りはじめたのだ。例のプレゼントについて助教たちが何も言ってくれないのだ。こちらとしては「お菓子おいしかったですよ」なり「この前はどうも」なり、なんらかの反応を期待していたのに、三人ともまるで申し合わせたかのように、そのことについてひと言も触れない。こちらとしてはせめてもの感謝の気持ちとして、いろいろと迷った挙げ句にプレゼントを選んだので、思惑がはずれた感じもあった。しかし、その思いは時間が経つにつれ、次第に「もしかして気に入ってもらえなかったかも……」、「つまらない物を贈って逆に気を悪くされたのでは……」といった不安に変わっていき、正直なところ気が気ではなかった。

日本人である筆者が、韓国人は日本人に比べ事後のあいさつをあまりしないということを学んだのは、こうした経緯からである。しかしこのエピソードは、同時に日本人がこうした場面で、いかにあいさつに固執するかをも物語っているのだろう。日本人と韓国人が接する際、日本人はしばしば韓国人が礼儀を知らないと誤解したり、いらぬ憶測をたてたりすることがあるのだが、こうした誤解の背景には、次のようなあいさつの仕方の違いが関与しているようなのだ。

〈2〉「反復確認型」と「一回完結型」

●あいさつの二つのタイプ

一般に、日本語のあいさつ表現には「先日はどうも」や「いつもお世話になっています」を代表とする、過去の出来事に言及した表現が多い。鈴木（一九八一）は、これを日本語のあいさつにおける「後傾性」として特徴づけているが、これは“Have a nice weekend.”や“Good luck!”といった、未来に言及する「前傾性」のあいさつが比較的多い英語とは対照的な性質をなしている。さらに日本語の感謝や詫びのあいさつには、「毎度どうも」や「いつもすみません」などのように、その場一度限りではなく、幾度もくり返して使うことを前提とするものが多い。そうすることが相手に丁重な態度を示すとされるからだろうが、これは話しことばに限らず書きことばにおいても同様で、文字通り重ね重ねあいさつすることが、円滑な人間関係の確認と維持につながるとされるむきがある。

　このようにくり返し行われる日本のあいさつを「反復確認型」とすれば、先のエピソードに伺えるような韓国のあいさつは、対照的にその場限りの「一回完結型」と言える。韓国人はその場で感謝や詫びの気持ちを伝えたら、その後はそのことに幾度も言及することはせず、相手への感謝の気持ちは心の中に秘めておくことを礼儀とみなす。そのため、過去の出来事について何度もあいさつをくり返すことは、韓国人の目には水臭いばかりか、時には軽率かつ不誠実、そしてしらじらしく映り、逆に失礼にもなりかねないことなのだ。また感謝のあいさつの場合などは、度重なるあいさつが「もっと欲しい」という意思表示に受け取られることもあるようだ。

●卑屈に見える日本人

こうした「反復確認型」と「一回完結型」の傾向は、言語行動としてのあいさつに限らず、非言語行動のお辞儀の仕方にも反映されているようだ。これは日本の一般家庭にホームステイした韓国人学生の話だが、ホストファミリー宅の茶の間に通された時、深々とあいさつのお辞儀をして頭を上げると、日本人が何度もくり返し頭を下げているものだから、慌てて自分も頭を上げ下げし、奇妙なあいさつ合戦になってしまったという。日本人は出会いや別れ、感謝や詫びのあいさつ時にお辞儀をするが、その時何度もくり返し頭を下げることが多い。こうした姿は、外国人が日本人の物真似をする時などによく見られるステレオタイプではあるが、まんざら誇張とも言い難いだろう。一方で、日本と同じお辞儀社会ではあっても、韓国では丁寧なお辞儀を一回きっちり行うことが、礼儀正しい適切なあいさつとみなされている。そのため、日本人が何回もペコペコお辞儀をする姿は、韓国人にはゴマを摺《す》るような卑屈な態度に見え、マイナス評価になってしまうことも多いらしいのだ。

後日談になるが、後に親しくなった前述の助教たちに、プレゼントのお礼を一度しか言わなかった理由を尋ねてみたところ、こんな答えが帰ってきた。

助教1（女）「一回言えば気持ちは伝わっていると思いました。」

助教2（女）「何度もお礼を言うと、もっと頂戴と催促しているようで失礼ですから。」

助教3（男）「あれくらいの贈り物で何度もあいさつするなんて逆に大袈裟ですよ！」

「ところ変われば品変わる」という諺があるが、お礼の述べ方一つを見ても、日韓の間ではずいぶんと違いがあるようだ。

〈3〉誰に言うのか・何を言うのか

●家族とあいさつをしない韓国人

次に、日常生活において日本人と韓国人が、誰にどのようにあいさつをしているのかを見てみよう。李娥進《イアジン》（一九九八）は日本と韓国の大学生、それぞれ127人と305人を対象にアンケート調査を行い、次のような二つの相違点を報告している。

第一に、表1にあるように、日本の大学生はそのおよそ六、七割（平均65・2％）が家庭内で家族とあいさつを交わしている。その一方で、韓国の大学生が家族と交わすあいさつは、全体平均で30・7％にしかならず、家庭生活のどの場面においても日本人のほぼ半数かそれを下回る率になっている。

このことは、日本人が韓国人に比べ、家族のような近い間柄にある相手とでも、ことばでもって場の共有を確認する傾向の高さを示している。これに対し韓国人は、日常的に生活の場を分かち合っている家族とは、いちいちことばでもってあいさつをする必要性をあまり感じていない。これは、親しい間柄であいさつを多用することは、相手と気持ちが通じていないようで他人行儀だという考えから来るようである。

次に表2は、大学校内で誰に朝のあいさつをするかについて、同じく日韓の大学生を対象に調べた結果である。表1の家庭内でのあいさつ頻度は、韓国が日本の半分に過ぎなかった。面白いことに、これに対して大学内では、数値にほとんど差が見られないだけでなく、若干とはいえ韓国の大学生が日本の大学生のあいさつ頻度を上回っている。つまり場面や相手によっては、一概に韓国人は日本人に比べあいさつをしていないとは言えないのだ。

表1　家庭でのあいさつ頻度（%）

場面＼国別	日本	韓国
起床時	64.2	29.8
就寝時	60.4	38.9
夕食を始める前	69.3	21.6
夕食が終った後	66.9	32.6
平均値	65.2	30.7

表2　大学での朝のあいさつ頻度（%）

相手＼国別	日本	韓国
教授へ	45.7	70.0
先輩へ	78.3	71.3
同級生へ	79.1	73.9
後輩へ	66.9	57.4
平均値	67.5	68.2

さらに大学内でのあいさつでも、相手別に見ると、韓国では目上にあたる教授へのあいさつは70・0％で、45・7％の日本人よりかなり頻度が高い。しかし、後輩へのあいさつは57・4％で、先輩や同級生へのあいさつに比べてぐっとその割合が少なくなっている。このことは韓国社会において、あいさつが基本的に目下から目上に対して取るべき行動と認識されていることを反映してい

る。逆に日本では、教授へのあいさつが45・7％と最も低く、一番多い同級生へのあいさつの半分程度にしかなっていない。このことから、日本の大学生は、相手との親疎関係に応じてあいさつの頻度が変わるのに対し、韓国の学生は日本人に比べ、上下関係により敏感にあいさつをしていると言えるだろう。こうした親疎・上下による言語行動の変化は、敬語表現にも表れているが、一般的に日本人は親疎関係、韓国人は上下関係によってことばを使い分ける傾向がより顕著のようだ。

●定型表現が多い日本のあいさつ

第二に、日本人と韓国人が、どのような表現を使ってあいさつしているかについて調査した結果を見ると、さらなる違いが浮き彫りになる。例として起床時の兄弟へのあいさつ表現を見ると、日本では「おはよう」が86・7％を占めて最も頻繁に使われている。しかし韓国語では、〈안녕하세요《アンニョンハセヨ》〉という表現が、英語の"Hello"のように、朝、昼、晩のいつでも出会いのあいさつとして使えることもあり、「おはよう」に対応する朝の定型のあいさつはない。その結果、〈잘《チャル》 잤어《チャッソ》？（よく寝た？）〉（41・0％）、〈일어《イロ》

났어《ナッソ》?(起きた?)〉(10・9%)、〈안녕《アンニョン》(安寧=元気?)〉(3・2%)、〈Good morning〉(1・9%)と、日本語に比べバラエティー豊かなあいさつが使われている。

場面を変えて、職場での朝のあいさつは、日本では「おはようございます」が一般的で、親しい同僚や後輩などに声をかける時は、そのぞんざい形の「おはよう」が使われる。しかし韓国では、相手が上司なら〈오셨습니까《オショッスムニカ》?〉(いらっしゃってたんですか)、親しい同僚や後輩の前では〈왔어《ワッソ》?〉(来てたの?)、〈아직《アジク》 졸려《ジョルリョ》〉(まだ眠い)といったあいさつがよく交わされている。さらに仲間同士では、朝の最初のやりとりが、〈일《イル》 하고싶지《ハゴシプチ》 않은데《アヌンデ》〉(仕事やりたくないね)―〈맞어《マジャ》〉(ホントに!)、といった冗談めいたものも少なくない。最近ではテレビドラマから広まった表現で〈좋은《チョウン》 아침《アチム》〉(「良い朝」)が、若者を中心に使われるそうだが、これは英語の“good morning”をそのまま韓国語に訳したものである。日本でもテレビ番組の影響で「おはよう」を短縮した「オッハー」が子どもたちの間で一時期流行したのと同様の現象かもしれないが、全般的傾向としては、日本人に比べて韓国の方が、相手に応じその時々のあいさつをしているように思える。

日韓の日常生活におけるあいさつを比較してみると、日本語では決まり文句的な「定型表現」が多く用いられている様子が垣間見られる。対照的に韓国語では、定型表現が比較的少なく、相手や場面に応じてさまざまにあいさつが使い分けられていると言える。つまり、日本語と韓国語のあいさつには、どこで誰に何と言ってあいさつをするのか、という点において多少なりともズレが存在するのだ。では、日本語のあいさつに定型表現が多く、韓国語のあいさつは比較的バラエティーに富んでいる理由はどこにあるのだろう。

〈4〉〈おいしく召し上がってください〉

●日本語にはないあいさつ

韓国の学生や教職員は、一般に弁当を持参することはあまりせず、食事は学食やキャンパス周辺に軒をつらねる食堂《シクタン》で、友人や同僚と揃って食べることが多い。韓国人にとって仲間と一緒にとる昼食は、時に誘い合って遠くのレストランまで車を走らせるほど大切なコミュニケーションの時間なのである。

筆者の任《イム》と井出が、勤務先で昼食に出かけた時の出来事である。その日入った食堂も多くの学生でにぎわっていたのだが、ふと見ると顔見知りの学生が五人ほどで食事をとっている。私たちは彼らのテーブルに立ち寄り、軽く声をかけてから奥の席に座った。しばらくの後、話しながら食事をしていると、先に食事を済ませたらしい例の学生たちが私たちのテーブルまでやってきた。彼らはそばへ来るなり笑顔で、

〈선생님《ソンセンニム》、맛있게《マシッケ》 드십시오《ドゥシプショ》・먼저《モンジョ》 실례하겠습니다《シルレハゲッスムニダ》・〉

（先生、おいしく召し上がってください。お先に失礼します。）

と言い、きちんと一礼して店を出て行ったのである。学生たちのこの行動は、韓国人の目には珍しくもないのだが、これが日本だったらどうだろうか。

日本の学生の場合、よほど相手の先生と親しいか、また早急な用事でもない限り、食事中、それも歓談中の先生に声をかけるようなことはしないのではないだろうか。目が合えば会釈するくらいのことはあっても、わざわざ先生にあいさつする必要も感じていないだろうし、ごく普通に退席するのではないだろうか。また、目上のいる場面でひと言あいさつして退席する場合、「お先に失礼します」といった断り表現を使うことはあっても、「おいしく召し上がってください」という言い方をすることはまずない。特に目下が目上に対して用いる待遇表現として、こうした表現は不適切だとさえ言える。しかし韓国では〈맛있게《マシッケ》 드세요《ドゥセヨ》〉（おいしく食べてください）や、その丁寧形の〈맛있게《マシッケ》 드십시오《ドゥシプショ》〉（おいしく召し上がってください）は、日常的に耳にする表現で、人に食事を振る舞う時や、買い物などをした際などに店員が客に使うだけでなく、目上目下・男女の関係なく、広く一般に用いられる表現である。

命令形によるあいさつ

ところで、この〈맛있게《マシッケ》 드세요《ドゥセヨ》〉（おいしく食べてください）にある〈～세요《セヨ》〉（～てください）は、形態上は命令形をとる終結語尾で、本来は女性のみが使う表現であった。しかし現在では男女の区別なく、親しい相手への命令や依頼を柔らかく表す際に用いられている。この終結語尾は、時と場合によってさまざまな動詞と併せて使われるが、これは韓国語のあいさつ表現を豊かにする上で欠かせない重要な表現方法の一つなのだ。

例えば、韓国のデパートや市場で衣服などを買うと、たいていの店員は客に品物を渡す際に、〈예쁘게《イェップゲ》 입으세요《イブセヨ》〉（きれいに着てください）と声をかける。客の側も店員に対し、〈많이《マニ》 파세요《パセヨ》〉（たくさん売ってください）とあいさつする人が少なくない。またタクシーから降りる際、客が運転技士《ウンジョンキサ》（日本語の「運転手」）にかける典型的なあいさつは〈수고《スゴ》 하세요《ハセヨ》〉（苦労してください＝ご苦労様です）である。テレビで「のど自慢」を見ても、日本では司会者が出場者に「張り切ってまいりましょう」などと言ってマイクを渡すところ、韓国の番組では司会者は〈잘《チャル》 불러《プロ》 주세요《ジュセヨ》〉（上手に歌ってください）と声をかけている。ちなみに「明けましておめでとうございます」

に当たる韓国語のあいさつは〈새해《セヘ》 복《ボク》 많이《マニ》 받으세요《パドゥセヨ》〉(新年に福をたくさん受けてください)であり、これも〈~세요《セヨ》〉の形をとっている。

このように、直訳すると「きれいに着てください」、「おいしく食べてください」となる韓国語のあいさつは、日本人の耳にはストレート過ぎて、少々踏み込んだおせっかいな表現にも思える。どのように着ようと食べようと、こっちの勝手じゃないかと言いたい気分にさせられないこともない。しかし、こうしたあいさつは、どれも共通してインターアクションの開始や終結部分で用いられており、談話上は半ば定型化したあいさつとして機能している。そのため、日本語の感覚からすれば失礼にもなりかねない命令形を含んだ表現も、形式的なあいさつ表現だと解釈すれば、目下が目上に「おいしく召し上がってください」と言えることも、ごく自然なものとして理解できるのだ。

〈5〉言語ポライトネス理論からの解釈

●積極的欲求と消極的欲求

ここで日本語と韓国語のあいさつ表現の特徴について、ブラウンとレビンソン（Brown and Levinson 1987）の言語ポライトネス（linguistic politeness）の理論に照らし合わせて解釈してみよう。

言語ポライトネス理論とは、効果的なコミュニケーションを行い、人間関係を円滑にするための言語使用の方略（strategy）を総括した理論で、人間の普遍的欲求に基づく二つの側面を基盤として成り立っている。一つは、相手に受け入れられたい、相手を喜ばせたいという「積極的欲求」（positive wants）を満たすため、相手と自分との距離を縮めようとする言語使用である。こうした言語使用は、ポジティブ・ポライトネスとも呼ばれ、相手との「連帯感」や「親しさ」を表明する言語上の方略で、冗談やあいさつもその一環として使われる。もう一つの側面は、個人の私的領域を他人に侵害されたくない、邪魔されたくないという「消極的欲求」（negative wants）に配慮したもので、相手と自分との距離を大きく取ろうとする言語使用である。ネガティブ・ポライトネスとも呼ばれるこの言語上の方略には、「遠慮」や「形式性」を重視した表現が多く、ことばの上で相手との距離を取る機能を果たす。ポジティブ・ポライトネスとネガティブ・ポライトネスは、喩えれば磁石のS極とN極のようなものなのだが、どのような社会においてもこの二つの極は存在し、ただその表現の仕方が異なるのだとブラウンとレビンソンは指摘している。

●曖昧な日本語のあいさつ

韓国語と比べると、日本語のあいさつには定型表現が多いことは先にも述べたが、中でも「どうも」や「どうぞ」といった、意味の曖昧な表現が少なくない。この「どうも」は、感謝の意味を表す「どうもありがとう」の省略の時もあれば、謝罪としての「どうもすみません」の省略にもなる。さらに「じゃあ、どうも」などと、別れ際のあいさつとしても機能すれば、初対面の場で使った場合などは、「はじめまして」や「よろしくお願いします」に近い意味を帯びてくる。一方、韓国語には「どうも」や「どうぞ」のような役割を文中で果たす副詞として〈정말《チョンマル》〉、〈어서《オソ》〉といったことばがある。しかしこれらは「どうも」や「どうぞ」のように単独で用いたり、省略として

の使用はできず、その分日本語に比べて曖昧さを含まない表現が多くなってくる。そのため、「この前はどうも」というあいさつも、韓国語では〈この前はどうもおいしいものをありがとうございました〉などと、より具体的に表現することになる。また日本の広告で見かける《お近くのトヨタへどうぞ》といった言い方も、韓国語では〈가까운《カッカウン》 토요타로《トヨタロ》 오세요《オセヨ》〉（近くのトヨタへ来てください）と、日本人の耳にはよりストレートでくどい言い方にせざるを得ないのだ。

「どうぞ」や「どうも」といった日本語の曖昧で間接的なあいさつことばは、あまり押し付けがましさを感じさせない、相手への「消極的欲求」に配慮した表現だと言えるだろう。これに対し、言語ポライトネス理論からみれば、韓国語の〈～세요《セヨ》〉（～てください）を用いたあいさつは、ことばの上で相手と関わり、相手を喜ばせたいという「積極的欲求」に則った表現であるとも解釈できる。

李殷娥《イウンナ》（一九九五）に指摘されているように、一般に韓国人の話し方は日本人に比べて積極的ではっきりした「透明な言語」であると言われる。一方、韓国人から見た日本人の話し方は、丁寧ながらも「不透明」で、何を考えているのかよく分からないところがあると言われる。あいさつ表現だけの比較を通じてもこうした傾向は確認されるのだが、このことは日本人と韓国人が互いに持つイメージにも影響を与えているのかもしれない。

〈6〉年賀状と慰問便紙

●日本は挨拶状文化？

話しことばによるあいさつを中心に話を進めてきたが、次に書きことばについても見てみよう。

一般的に日本人が「挨拶文」や「挨拶状」と聞いて思い出すのはどんなものだろう。年賀状や暑中見舞いのような季節のあいさつ、冠婚葬祭にまつわるあいさつ、さらには就職、転勤、引越し、出産、新装開店のあいさつなど、人生の節目節目を報告するあいさつが思い浮かぶだろう。しかし、韓国にはもともとこうした「挨拶文」や「挨拶状」を書く習慣があまりない。例えば、韓国人は日本人に比べ、頻繁に引越しをする方だと言われるが、日本人がハガキで引越しを通知するところ、韓国人はそうした形式的な挨拶状は通常出さない。その代わり、電話連絡などを通して知り合いを新居に招き、食事でもてなす〈집들이《チプトゥリ》〉（引越し祝い）を催すのが旧来からの習慣だ。

結婚式においても、日本では招待客に返信用はがきを同封した招待状を送るが、韓国では〈請牒状《チョンチョプジャン》〉という返事不要の挨拶状を出すのみである。また最近では、写真にあるように電子メールで請牒状《チョンチョプジャン》を送るスタイルも多く

最新流行の電子メールの請牒状《チョンチョプジャン》

見られる。日本の結婚式においては考えられないことだろうが、韓国の結婚式と披露宴は、請牒状をもらっていない人でも気軽に私服で参加できるので、日本の披露宴の招待状とはその意味合いが少々異なるのだ。また日本でも韓国でも、披露宴に招かれた客は祝儀を持っていくのが習わしだが、通常日本では来客に引き出物や礼状という形でお礼がされる。一方、韓国では礼状は送るものの、客に引き出物を出す習慣はなく、式の後、大食堂にていっせいにご馳走が振る舞われるのが普通だ。

このように韓国では、日本に比べいわゆる挨拶状を出す機会が少ないのだが、最近では欧米や日本の影響からか、大手企業などが会社単位で年末年始の挨拶状を取り引先に送るようになり、若い世代の間でもグリーティングカードのやりとりが見られるようになってきた。このように、もちろん韓国人も手紙は書く。しかし、日本の文具店に並ぶ季節感溢れる便箋やハガキの豊富さを見てもよくわかるように、日本人の方がよりあいさつの形式を重視した手紙を書いているのではなかろうか。

●慰問便紙

ところで、日本や韓国の子供たちは、いつごろ形式的な手紙を書くようになるのだろう。日本人の場合、早くて幼稚園、そして小学校に上がったあたりから、親にせかされ担任の先生やクラスの友達宛てに年賀状を書いた記憶のある人が多いだろう。「明けましておめでとうございます／昨年はお世話になりました／今年もよろしくお願いします」といった決まり文句が中核を成す年賀状は、一年が終わり新たな一年が始まるに当り、相手との社会的なつながりを再確認する機能を果たしている。「よろしくお願いします」や「お世話になっています」などの決まり文句同様、年賀状は実質的な伝達内容よりも、毎年欠かさずくり返して出すというその形式こそが重要であるという点において、正に「反復確認型」のあいさつだと言える。

一方、クリスマスや旧正月を祝う韓国では、年賀状を出すには出すが、日本ほど習慣化されてはいない。そのため、日本のようにまるで国家行儀よろしく年賀状販売開始のニュースが師走のテレビを賑わし、年内に年賀状を投函するよう促す垂れ幕が郵便局に掛かるようなこともない。しかし日本にはない手紙の習慣として、韓国には〈慰問便紙《ウィムンピョンジ》〉（韓国語で便紙《ピョンジ》とは手紙の意味）

がある。これは、先生の指導の下で小学生や中学生が、兵役に行った「軍人のおじさんたち」に宛てて送る陣中見舞いの手紙のことを指す。最近ではあまり書かれなくなったという話も聞くが、これは二四か月間の兵役期間（二〇〇四年現在）を軍隊で過ごす男子の先輩に向け、感謝と励ましの気持ちを届ける手紙である。手紙の内容はさまざまながら、〈軍人のおじさんのお蔭で私達はしっかりと勉強しています。本当にありがとうございます〉といった内容がだいたいの主旨になる。顔も知らない相手に書くこうした慰問便紙は、「反復確認型」の日本の年賀状に比べれば、「一回完結型」の挨拶状だと言えるだろう。

〈7〉あいさつとしての「包装」

●奇異に映る日本の祝儀袋

次に筆者の任《イム》が、日本滞在中に驚かされた日本と韓国との習慣の違いから一つ紹介したい。結婚式に招かれたので、祝儀を入れるために封筒を買おうと文具店に入った際、祝儀袋の種類の豊富さにびっくりさせられたのだ。韓国では冠婚葬祭の際は、普通の白長の封筒に、結婚式の場合は〈祝華婚《チュクファホン》〉または〈祝結婚《チュクキョロン》〉、葬式の場合は〈賻儀《ブウィ》〉と自分で表書きをし、必要な金額を入れて使用する。しかし日本では、結婚式の祝儀袋、葬式用の香典袋が区別して売られているにとどまらず、お年玉袋、お月謝袋、お車代袋など、用途に応じた袋が文房具店に限らず、コンビニやキオスクのようなところでも売られている。

韓国でも旧正月には、大人が子供にお年玉をあげる風習がある。しかし日本のようにお年玉袋には入れず、お金は直接手渡しするのが普通なのだ。韓国で結婚をしたある在日韓国人の女性は、旧正月に韓国の甥や姪にお年玉をあげようと、日本のかわいらしい絵柄のついたお年玉袋を用意して親戚を訪ねたそうである。しかし思いがけないことに、〈なぜそんな面倒なことをす

日本の祝儀袋

韓国の祝儀袋

るのか〉と親戚一同に笑われてしまったというのだ。韓国ではお年玉は目上の者から目下に与えられるもので、本来、新年のあいさつをきちんとした子供に対して渡される褒美のようなものであり、わざわざ包んだりせずそのまま「裸で」渡せば十分なのだ。

日本でも、特に男性を中心に財布やポケットから直接子供にお年玉を渡す人もいるだろう。しかし、金銭を包まずそのまま渡すのは、手抜きとなり相手に失礼なようで、何とも落ち着かない行為だと考える人が多いことも事実である。特に入学や結婚をはじめとする祝い事になると、祝儀の袋も、紅白のおめでたい色遣いに加え、鶴や亀を象《かたど》った金銀の水引や熨斗《のし》が付き、いかにも豪華絢爛である。またこうした祝儀袋は、その袋を開けるとさらにお札を入れる袋が入る二重の構造になっているものが多く、それをさらに袱紗《ふくさ》に包んで持参したりもする。祝儀袋の派手さは外国人の目には珍しく映るようだが、これは韓国人の目にも同様で、一見すると中の金額よりも袋の方が豪華なのではないかという印象さえ与えるそうだ。

「包む」文化

文化人類学者のヘンドリー(Hendry 1993)は著書*Wrapping Culture*で、日本文化を「包む」文化だと定義して、その特徴を論じている。例えば、デパートなどで贈答品用に売られる高級和菓子や洋菓子などは、それが高価なものであればあるほど、一つ一つが丁寧に個別のパッケージに包まれて売られている。また、それらを納めた箱なり缶なりは、美しい包装紙に丁寧に包まれ、場合によってはその上熨斗《のし》で被われる。さらにそれは、一つ一つデパートの名称の入った手提げ袋に入れられ、または風呂敷に包まれて、やっと贈答品としての体をなすのだ。ヘンドリーはこの他にも、十二単《じゅうにひとえ》のように幾重にも層を成す着物の日本的美しさや、小さな袋に入れられて、中のお札《ふだ》は決して見られることのない御守《おまもり》、さらには神社仏閣や城の建築様式などについて触れつつ、日本社会において幾度にも「包む」ことの儀礼的意味を考察している。つまり包む行為や包装自体が、その中味の価値を伝える上で、内容に勝るとも劣らぬ重要性を持つというのだ。封筒の種類の豊富さや豪華さには、「包む」文化としての日本の風習が反映されていると言えるだろう。

ここで見てきたように、日本語のあいさつは定型表現を幾度もくり返す「反復確認型」である点において、バラエティー豊かなあいさつの「一回完結型」である韓国語と異なる。こうした日本人のあいさつ行動の特徴は、韓国人の言語行動との比較を通して明らかになったわけだが、韓国人に比べ何回も重ねて行う日本人のあいさつは、同様に幾重にも重ねることに形式的価値を置く、日本の「包む」文化にも相通じていると言えないだろうか。

〈8〉「あいさつ」と〈人事《インサ》〉

文化・社会を映すあいさつ

ここまで見てきたように、あいさつには日常的に交わされる話しことばとしてのあいさつから、挨拶状のような書きことばとしてのあいさつなどさまざまなものが含まれる。しかしより広く文化、社会的観点から見れば、名刺の交換や結婚式や講演会などでのいわゆる「御挨拶」の類い、中元・歳暮の習慣、さらには歌舞伎の口上などもあいさつの範疇に含まれる。「挨拶」とはもともと仏教用語で、問答を交わしつつ相手の悟りの深浅を見ることを指した。一方、日本語のあいさつに相当する韓国語は〈인사《インサ》〉(人事)と言い、「人の為すべき事」という意味をもつ。

ところで、英語には日本語の「あいさつ」や韓国語の〈인사《インサ》〉に相当する概念はなく、和英辞典に見られる"greetings and farewell"も、その意味範疇を網羅するには不十分である。また、日本や韓国では「きちんとあいさつしなさい/똑바로《トッパロ》 인사를《インサルル》 해라《ヘラ》」とか、「ろくにあいさつもできないやつ/제대로《チェデロ》 인사도《インサド》 못하는《モタヌン》 녀석《ニョソク》」といった言い方があり、社会におけるあいさつの重要性が窺《うかが》える。しかし、英語にはこれらに厳密に対応する表現

は見当たらない。アメリカ社会では、親が子供に“Say thank you.”（ありがとうと言いなさい）と言って躾《しつけ》をしたり、いわゆるThank You Letter（お礼状）を書かせることが習慣になっている。しかしながら、英語には、お辞儀や名刺の交換、スピーチなどを総じて指し示す「あいさつ」や〈인사《インサ》〉に相当する概念はないのだ。そのため、当然ながら日本の書店のようにスピーチ本ばかりを集めたコーナーに、『すぐに役立つあいさつ実例集』や『心に残るスピーチ・式辞』などといったハウツー本のタイトルが、棚一面を埋め尽くすということもない。これに対して韓国の本屋には、祭祀の細かいしきたりや儀礼形式を説明する書籍はあるものの、言語行動としてのあいさつやスピーチについての本は極めて少ない。このことは、日本と韓国とが同じあいさつという概念を持ちつつも、片方では「定型性」を重んじ、もう片方ではより自由な表現を許す、もしくはしきたりを重視するといった、それぞれの文化・社会の違いを反映していると言える。

　日本語と韓国語とは似通った言語であるが、この章で見てきたように、そのあいさつの形態と仕方にはいろいろな相違点があり、それぞれが日本と韓国の文化的、社会的性質を映し出している。こうした違いはあっても、英語

に「あいさつ」や〈인사《インサ》〉に相当する概念がない事実は、日本と韓国のあいさつの概念が共有する文化的、そして社会的土壌の広さを示唆しているのだろう。そして、あいさつが日本と韓国の文化や社会を理解する上で、重要なキーワードの一つであることをも物語っているのではないだろうか。

ちょっと勉強 1

似ていて違う日本語と韓国語

世界には、およそ三千から六千ほどの言語が存在するといわれている。それらの中で、日本語に最も近い言語は韓国語だ。たとえば、漢語を基盤にした用語群や、「テニヲハ」に相当する助詞の存在、語順など、韓国語には日本語と共通する部分が実に多い。しかし、いくら用語や文法に共通要素が多く存在するといっても、韓国語の単語をそのまま日本語に訳して並べただけでは、正しい日本語文にはならない場合も少なくない。

それでは、日本語と韓国語は、どういう点が似ていて、どういう点が違うのだろうか。個々の事項に分けて概説したい。

▼音韻

音素の数をみると、日本語の場合、母音が5、子音・半母音が21、特殊音素3、合計29の音素がある。一方韓国語は、母音が21、子音が19で、日本語よりその数が多く、特に母音は四倍以上もある。

子音体系では、日本語には「た」と「だ」のような清濁の対立があるが、韓国語には清濁の対立はなく、そのため韓国語母語話者には日本語の清濁の区別が難しい。韓国語にはその代わり無気音、有気音、濃音の三系列の対立がある。なお、韓国語は発音する際、前に来る音節の末音と後続する音節の頭音とが互いに影響し合い、元の音素が異なる音色に変化したり、発音されなかったりすることが多い（국민《クックミン》↓궁민《クンミン》）。このような言語現象をリエゾンというが、日本語にはそのような連音上の変化はあまり多くは見られない。

日本語では普通、どの拍もほぼ同じ長さで発音されるが、韓国人が促音の「ッ」、撥音の「ン」、長音の「ー」に一拍を与えて発音することは難しい。また日本語では、アクセントや母音の長短がことばの意味を区別する際に重要な役割を果たすが、韓国語ではそれらは日本語の場合ほど弁別的な機能を有していない。

音節の種類は、日本語が約一一〇、韓国語が一万二千ほどで、韓国語の方が圧倒的に多い。音節の構造をみると、日本語はいわゆる開音節構造の言語であり、〈子音＋母音〉、〈子音＋半母音＋母音〉のように母音で終わる音節が多く、非常に単純な構成である。これに対し韓国語は、開音節で終わる〈子音＋母音〉のほかに、〈子音＋母音＋子音〉、〈子音＋母音＋子音＋子音〉のように、いわゆる終声で終わる閉音節もあり、子音で終わる音節が多くなっている。

▼文法

日本語と韓国語では、動詞が文の最後に来る場合が多い。そして、日本語も韓国語も動詞・形容詞は一定の規則に従って活用する。ただ、日本語では形容詞と動詞の活用の仕方が異なっているのに対し、韓国語では基本的に形容詞も動詞も同じ活用パターンを持つ。また、日本語でよく問題にされる「ハ」と「ガ」の区別が、微妙な違いはあるものの、韓国語にも見られることは興味深い。そして最も注目すべきことは、日本語・韓国語ともに敬語の助動詞が存在するということである。

　したがって、日本語から韓国語に、または韓国語から日本語に翻訳する際に逐語訳がある程度は可能で、他の外国語の翻訳に比べればかなり楽である。ちなみに、日本語では状況や文脈により主語が明白な場合にはしばしば省略されるが、これも韓国語に共通して見られる特徴である。そのほかにも、冠詞を用いない、関係代名詞を持たない、指示詞の「コソアド」に該当する体系を有する、「テニヲハ」に相当する助詞が存在するなど共通する要素が多い。

また名詞の場合には、男性名詞と女性名詞といった違いがなく、単数と複数による区別もない。さらには主格・所有格・目的格いずれの場合も形が変化しないことなどが日本語と韓国語に共通の特徴として挙げられる。動詞の場合も、主語の人称や時制によってそれほど複雑な変化は生じないなど、共通点は大変に多いのである。

▼語彙

　韓国語の語彙は日本語同様、韓国固有の語、漢字語（日本語の漢語にあたる）、外来語からなっている。しかし、両言語における漢語の割合は、韓国語の方が日本語より高い。また、正確な統計資料はないが、日韓両言語は、七、八割前後の膨大な量の漢語を共用している。そのため、日本人と韓国人の発想には類似性があるといわれている。

　敬語と絡んで特に二人称代名詞の単複が認められる点や、語形が多いため、その使い分けが複雑である点でも日本語と韓国語はよく似ている。

日本語の形容動詞の多くは韓国語では形容詞に対応する。また、擬声語・擬態語は韓国語が日本語より発達しており、韓国語の方がより感覚的であるといえよう。

▼文体

日本語・韓国語ともに目上の人には尊敬語を、目下や親しい友人などにはぞんざいなことばを用いることが多い。けれども韓国語では謙譲は少数の動詞に認められるにすぎない。掛詞《かけことば》や、語呂合わせ、子どもたちのことば遊びの一種であるしりとりなども共通して見られる。さらに、「昔々あるところに……」といった昔話の形式においても、日本語と韓国語は大筋で類似する点が多い。しかし、韓国語には日本語のような男性語と女性語の差がほとんど存在しない。また韓国語は日本語以上に書きことばと話しことばの差が著しい言語である。

日本語と韓国語の類似性というメリットを生かし、そのうえで微妙な相違点を理解することが、語学上達には不可欠であろう。

II

どうしてボーイフレンドがいないんですか

〈1〉質問好きの韓国人？

●コミュニケーション・スタイル

私たちが普通、人と話をする時には、無意識的であれ意識的であれ、会話を円滑に運ぶためのさまざまな方略《ストラテジー》がとられている。いつ話しはじめていつやめるのか、どんな話題を選ぶのか。どんな調子で、どのくらいのスピードで話すのか。またジェスチャーを使うのか。こうした話し方を構成する要素やストラテジーは、広くコミュニケーション・スタイル（communication style）と呼ばれ、民族、地域、階級、ジェンダーなどの話者の帰属グループにより、さまざまに様相が変わるものである。コミュニケーション・スタイルとは、言い換えれば話し方の「型」であり、また女性なら女性らしい、日本人なら日本人らしいといった意味での「らしさ」と関係するものとも言える。では日本人から見た韓国人らしい話し方、韓国人から見た日本人らしい話し方とはどのようなものだろう。

まずは日本人と韓国人が出会った時、互いに抱く印象について考えてみたい。日韓両国の新聞社などで実施されている意識調査によると、韓国人から見た日本人は合理的で親切、しかしながら冷たい一面を持つというイメージがあるということである。一方、日本人から見た韓国人は、明るく陽気で感情的。さらに二〇〇二年日韓共催のサッカーワールドカップにおいては、ベスト4まで進出した韓国チームを韓国国民全体が一丸となり「一二人目の選手」として応援する姿に、熱狂的、情熱的といった印象を改めて強くした日本人も多いだろう。

実際、韓国人と個人的に関わった経験が多少なりともある日本人の中には、韓国人は物言いがストレートで、時に圧倒されるくらいだと評する人も少なくない。例えば、韓国人の中には会ったばかりの人に「おいくつですか？」と唐突に年を聞く人がいる。相手に直接年齢を聞くことは、日本人の目にはかなり遠慮のない行為として映るはずだ。しかし、儒教の影響から絶対敬語が要求される韓国社会では、年功序列を決める年齢は、相手をどのように待遇するかを決める上での大切な尺度の一つであるため、会話を営む上でなるべく早く知りたい要因である。だが、韓国人の質問はこれだけに留まらない。

筆者の井出が米国留学中の時である。韓国からの留学生に会う機会も多かったのだが、初対面にもかかわらずよく“Are you married?”（結婚してますか）と尋ねられた。独身なので“No, I'm not.”と答えると、驚いたことに決まって"Why not?"（なんでですか）と聞いてくる。「なんで」と問われても答えようがないのだが、こうした質問は男性からも女性からもされた。特に相手が男性の時は、もしかして言い寄られているのではと臆測し、またその人が結婚指輪らしき物をはめているのを見てはさらに困惑し、心中穏やかでなかった。

原谷（一九九七）は自身の韓国滞在の体験から、初対面の相手にも「どこに住んでいますか？」、「持ち家ですか？」、「何坪の家ですか？」と、プライベートについていろいろ聞いて来る韓国人を「芸能レポーター並み」と評している。しかし本当に韓国人はこれほどまでに「質問好き」なのだろうか。またどうしてこれほどまで質問をするのだろう。

●「自己開示」か「相手への質問」か

奥山（二〇〇〇）は、日本人と韓国人の女子大生を対象に、初対面の同国人同士で会話をしてもらい、その録音結果の分析から大変興味深い考察をしている。表1をご覧いただきたい。これは会話開始後の最初の五分間に、出会ったばかりの二人がどのように会話を進めているかを調査したものであ

表１　自己開示と相手への質問（最初の５分間）

	日本	韓国
自己開示の話題数（平均）	6.0	4.2
相手への質問数（平均）	6.7	9.6

る。

表1の「自己開示の話題数」は「〇〇と申します」や「私、二年生だけど」など、自分自身についての情報を提供する発話で話題が導かれた回数を示している。また「相手への質問数」は、「お名前は？」、「何年生ですか？」など、相手の情報開示を求める質問で話題が導かれた回数を示す。ここで「自己開示の話題数」を見てみると、日本人が6・0回のところ韓国人は4・2回と、日本人の方が自ら率先して「自己開示」の話題を多く提供し、自分自身について話していることが分かる。しかし「相手への質問数」を見ると、日本人が6・7回のところ韓国人は9・6回と、逆に韓国人の方が高い結果になっている。このことは韓国人が最初の五分間という比較的早い時間帯に、自己開示の二倍以上をも相手への質問に費やしていることを表す。

これに対して日本人同士の会話では、自己開示の話題数と相手への質問数に大差はない。つまりこの結果は、日本人は誰か一人が積極的に相手に質問するなり自分について話すというより、むしろ双方が平等に会話の上で情報交換をしていることを物語っているだろう。一方で、韓国人は各自が積極的に相手に質問をし、相手から情報を得ようとする割合が高いようにみられる。

〈2〉〈どうしてボーイフレンドがいないんですか〉

●攻めの手法、待ちの手法

表1のデータは、会話開始後の五分間だけを取り上げたものであったが、会話全体においてはどうだろう。この調査は、初対面のペアそれぞれに四〇分間話をしてもらったものを分析したものだが、奥山はその間に「どこ、何、どんな」(어디《オディ》、무엇《ムオッ》、어떤《オットン》)といった疑問詞が出現する回数に注目している。分析によると、疑問詞の出現回数は、日本人ペアで平均14・7回のところ、韓国人ペアでは平均19・6回だった。この結果も、日本人より韓国人の方が質問を通して積極的に話を進める傾向にあることを示している。では、日本人と韓国人とでは、具体的にどのような質問を初対面の相手に多くしているのだろう。それぞれの傾向をさらに紹介してみよう。

まず日本人であるが、相手に質問をする際に、真偽疑問文を比較的多く使うことが指摘されている。日本語の疑問文は真偽疑問文と疑問詞疑問文に大別できるが、真偽疑問文とは基本的に「はい」や「いいえ」で返答できる質問で、「文学部の方なんですか?」、「名前を聞いてもいいですか?」といったタイプの質問である。こうした聞き方は、相手への察しに基づいて情報を引き出す質問で、間接的でやわらかい表現とも言える。

転じて韓国人の会話では、真偽疑問文も多用されているものの、〈뭐《ムオ》〉(何)、〈어디《オディ》〉(どこ)などの疑問詞を含んだ疑問詞疑問文の使用が多い。真偽疑問文に比べると、「どこの出身ですか?」、「何年生ですか」といった疑問詞疑問文は、「はい」や「いいえ」では答えられず、相手に逃げ道を与えない質問形式である。

さらに特筆すべきは、疑問詞疑問文の中でも〈왜《ウェ》〉(なんで／どうして)を用いた質問が多いことで、日本人に比べ全体で四倍近くの頻度で使われている。次の会話もその一例である。

学生A：남자《ナムジャ》　친구《チング》　있어요《イッソヨ》?
(ボーイフレンドいますか)

学生B：아니오《アニオ》　없어요《オプソヨ》.
(いいえ、いません)

学生A：왜《ウェ》　남자《ナムジャ》　친구가《チングガ》　없어요《オプソヨ》?　예쁜데《イェップンデ》.
(どうしてボーイフレンドがいないんですか。きれいなのに)

既婚かどうかを問う質問同様、初対面の相手に恋人の有無を問うことは日本人にとってかなり立ち入った質問である。そこにさらにたたみかけるように「どうして？」と問われたりしたら、返答に詰まってドギマギしたり、相手を失礼な人だと思って憤慨しても仕方なかろう。しかしながら、韓国人にとってこうした具体的かつ直接的な質問は、談話上、相手に対する関心をはっきりと示すことにつながり、それが親近感を生み出すと捉えられているのだ。そのため、たとえ初対面の相手でもあれこれと熱心に聞き出し、そこからさらに話を進め、まるで旧知の仲であるかのように会話を続けることを好むのだ。こうした傾向は、相手が同姓や、出身地を同じくする同郷の場合はなおさらだ。そのため、日本人には失礼とも受け止められかねないような質問も、韓国人にとっては円滑なコミュニケーションを行う上での一つのストラテジーになっているのだ。

　その点日本人は、自分から直接具体的な情報を問う質問をするよりも、まずは相手の自己開示を促すような婉曲かつ間接的な質問をする。そして、その反応に合わせて話を進める「待ち」の手法を好んでいると言えるだろう。これに対して韓国人は、質問の頻度においても、またその内容においても、相手の自己開示を待つよりは、自分から積極的に質問をしていく「攻め」の手法で会話を進めているようである。

こうしたコミュニケーション・スタイルの違いから、韓国人の話し方は、日本人の目にはストレートで攻撃的とも捉えられる。逆に日本人の話し方は、韓国人には核心をつかないもどかしいものであり、時として心を開いていない印象を与えてしまうようだ。このように、初対面の相手との会話においてだけでも、日韓のコミュニケーション・スタイルには差が見られるが、この違いは会話の進行を管理するあいづちの打ち方にも反映されていると思われる。

〈3〉あいづちの日韓英比較

●日韓の「あいづち」概念の共通点

日本人の話し方の特徴として、これまでにさまざまなことが指摘されてきたが、その一つにいわゆる「あいづち」の打ち方が挙げられる。あいづちは英語であれ韓国語であれ、基本的にどの言語にも存在するもので、会話中、主に相手の話を聞いている時に発せられる、短いことばや音声を指す。日本語では「うん」、「へぇ」や「ホント?」、英語では“uh-huh”や“yeah”、韓国語では〈예《イエ》〉(はい)や〈응《ウン》〉(うん)などがあいづちに当たるが、一般に日本人は会話の上で頻繁にあいづちを打ち、また相手にあいづちを求めつつ会話を進行していると言われる。試みにあいづちを打たないで黙って話を聞いていると、日本人の話し手はたちまち不安になり、話の内容を再確認し始めたり、時には話を中断してしまうこともある。実際の会話調査でも、日本人はアメリカ人に比べて2・9倍ほどあいづちを多く打つという結果が報告されている(メイナード 一九九三)。

日本語の「あいづち」ということばは、日常的にもよく使われる表現だが、もともとは日本刀などを鍛える際、鍛冶《かじ》の師弟が相向かって、交互

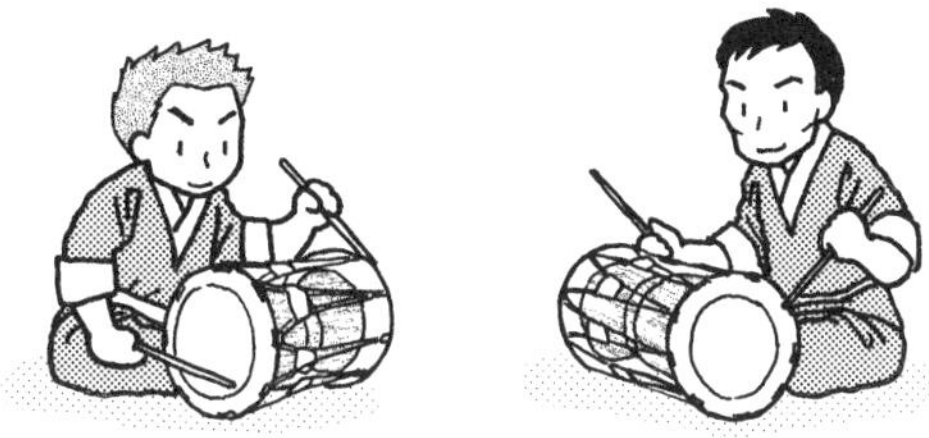

チャングを打つ人

に鎚《つち》を打つ作業を語源としている。一方、英語には日本語の「あいづち」に相当することばはなく、学問用語として作られた「バックチャネル」(back channel) ということばがある。しかしこれは、あくまでも専門用語の域を出ておらず一般には使われていない。このことは、日本語に比べて、英語ではあいづちの存在自体があまり意識されていないことの現れとも言えるだろう。

一方韓国語には、「あいづちを打つ」とほぼ同等の意味の〈맞장구를《マッチャングルル》 치다《チダ》〉(直訳：向かい合ってチャングを打つ）という表現がある。これは〈장구《チャング》〉と呼ばれる太鼓を、二人が向かい合って打つ様子が語源であるとされているのだが、二人の人が協力して何かを打つという意味で、日本語にも韓国語にも非常に酷似した「あいづち」の概念が存在すると言えるだろう。このように英語を母語とする人達の間においてはあいづちの概念そのものの認識が薄いのに比べ、日韓のあいづち意識には似通ったものがあるように思えるのだが、実際日本人と韓国人のあいづちの打ち方には違いがあるのだろうか。

任栄哲《イムヨンチョル》・李先敏《イソンミン》（一九九五）は、日韓のあいづちについて、テレビとラジ

表2　テレビ・ラジオのあいづち頻度の日韓比較

	あいづちの回数（1分当たり）	平均音節数（1分当たり）	あいづち間の平均音節数
日本	17.52	400	22.85
韓国	11.37	309	27.17

オ番組を資料とした実態調査を行なっている。その結果、表2にあるように、一分間の談話において聞かれたあいづち数は、韓国人が平均約11回のところ日本人は約18回で、日本人の方が約1・6倍もあいづちを多く打っていることが分かった。アメリカ人との2・9倍の差には及ばずとも、韓国人との間にもかなりの違いが認められるわけだ。また、あいづちとあいづちとの間の音節数を数えてみても、日本人の音節数（平均22・85）の方が韓国人（平均27・17）より少なく、ここでも日本人の方が頻繁にあいづちを打っていることが確認されている。この理由に迫るべく、日韓英のあいづちについてもう少し詳しく見てみたいが、その前に、そもそも我々はどうして会話においてあいづちを打つのだろうか。

〈4〉「このアイスおいしいね！」

●あいづちの機能

会話において、あいづちはさまざまな機能を持つのだが、これまでの研究からは、次の①〜⑤がその中心的な機能として考察されてきた。①「話を続けて」というシグナルとして、相手の話の継続を促す、②相手の発話内容への理解を示す、③話し手の判断や意見に賛意を示す、④「へえー」などと自身の感情を強く出す、⑤言い直しや情報の追加・訂正・説明を求める。

これに加えて喜多（一九九六）は、日本人に特徴的なあいづちの型として、話し手が自分の発話の切れ目に、自らあいづちを入れるパターンを挙げている。例えばAとBが会話をしていて、Aが「あの時は大変だったんですよ。うん。」といったのを受けて、Bが「そうでしたね」といった場合を考えてみたい。ここでの「うん」というあいづちは、Aが自らの発話の中で言っている。このように自分の発話に加える形のあいづちは、話者自らが自分の発話の句切れとしてあいづちを入れることにより、相手（B）にあいづちを打つ機会を与え、さらに二人のやりとりの中に一定のリズムを作る役割を担っている。この種のあいづちを便宜的に、⑥「相手のあいづちや話者交代を促進する」機能としておくが、これは英語のバックチャネルでは認められない機能とされている。

日本語と韓国語のあいづちを比較する前に、英語と日本語のあいづちの比較研究を見てみたい。メイナード(一九九三)は、英語と日本語において、文のどこであいづち/バックチャネルが入るかを調査している。その結果、英語では文単位で話が進むことが多く、文末のポーズであいづちが打たれる割合が82%であるのに対し、日本語ではその割合が51%ほどにとどまっていると報告された。これは、英語に比べ日本語の文節が短いことにもよるようだが、同時にあいづちの40%が「それでね」と言った時の「ね」のような助詞、そして感嘆詞の近くで打たれることにも関係しているようなのだ。

●あいづちを引き出す助詞

では「ね」や「よ」のような助詞は、日本語の会話をどのように管理しているのだろう。日常会話において、「ね」や「よ」などの助詞は文末に現れる終助詞として非常に頻繁に使われ、この二つが入らない会話は不自然に聞こえるほどだ。例えば、[このアイスクリームはおいしい]という命題を、実際に相手に伝える場合、相手と気持ちを共有するために「このアイスおいしいね」と言うこともあれば、相手にとって新しい情報を提供する手段として、「このアイスおいしいよ」と言うこともあるだろう。このように「ね」や「よ」のような助詞は、話し手と聞き手の間の心的態度や情報の所在といった二次的情報を、命題に加えて伝える役割を持っている。

友達に「このアイスおいしいよ」と言われ、「うん」とあいづちを打つこともあれば、「そうでもないじゃん」と答えることもあるだろうが、いずれにせよ日本語の文末助詞は、会話上相手からのあいづちを要求し、話者の交代を促進する機能を果たしているのだ。このように、「ね／よ」が現れる日本語会話においては、話し手は聞き手の情報所有度を推測して話をしており、その点、相手の立場に配慮した会話運びをしているとも言えるだろう。

さて、韓国語には日本語の文末助詞に相当する文法はないものの、〈～군《グン》요《ニョ》〉（～でしょう）、〈～네《ネ》〉（～ね）といったさまざまな文末語尾の変化が、会話上の話者のモダリティーを示している。この分野の研究は、これからの成果が期待されるところだが、日本語に習熟した韓国人の多くは、韓国人が日本人に比べ「～ね」、「～でしょう」といった表現を避け、はっきり言い切

る発話をより好んでいると観察している。より言い切り型を好む韓国語での会話に対し、日本語では発話上の助詞の使い方が、相手からのあいづちを引き出し、結果として英語や韓国語に比べてあいづちを多くしているようなのだ。

〈5〉「YES マン」の日本人

●日韓のあいづち——その質の差

ここまで日本人と韓国人のあいづちの量的違いとその機能を中心に見てきたが、次にあいづちがどんな時によく打たれるかということに焦点を絞り、あいづちの「質」について考えてみたい。

李善雅《イソンア》（二〇〇二）は、日本語母語話者と韓国人の日本語学習者に、日本語でディベート形式のロールプレイをしてもらい、その内容を分析している。その結果、韓国人グループは日本語でディベートしているにもかかわらず、母語である韓国語の会話スタイルにひっぱられて、日本人に比べあいづちを半分しか打っていないという結果が出た。さらに、どんな時にあいづちを打っているかを、ディベートの相手の発話内容と照らし合わせて調べたところ、表3（次頁）のような結果が報告されている。

表によると、自分の意見に不同意の発言をした相手に対し、韓国人母語話者の30・0％があいづちを打っているのに対し、日本語母語話者ではその三倍近い81・3％があいづちを打っていることが分かる。あいづちの機能②にも見たように、あいづちは一般に相手の発話内容への「賛意や同意」を表明

表3　日本語話者と韓国語話者における同意のあいづちの出現傾向（%）

	自分の意見に不同意の発話へのあいづち	自分の意見に同意する発話へのあいづち
日本語母語話者	81.3	18.7
韓国語母語話者	30.0	70.0

するために打たれるのだが、面白いことに日本語母語話者の場合は、相手が自分の意見に不同意だと表明している時に、頻繁に「そうですね」といった同意を示すあいづちを打っているのだ。

自分の意見と違う相手に同意を示すあいづちを打つなどの行為は、まさにアマノジャク的な態度だ。これでは日本人はどんな相手にも「はい、はい」と答える「YESマン」だと言われても仕方がないだろう。相手の発言に同意していないのにもかかわらずこのように頻繁にあいづちを打つことは、はた目には相手の主張の根拠を一部でも認めていることとなり、自分の主張を崩しかねない行為だ。しかし同時にこうしたあいづちは、相手の立場への共感を示すことにより話しやすい雰囲気を作り出す上で、話者同士が共有する「場」への配慮を効かせる機能を持つと言えないだろうか。日本語母語話者とは対照的に、韓国語母語話者は、自分の意見に不同意の発話に対しては、あいづちを控えている（30・0％）。逆に、自分の考え方に妥当性をもたらし補強するような発話に対しては、多くあいづちを打ち（70・0％）、自分の立場をより強めようとしているようにも見えるだろう。

日本人と欧米人の会話を比較した水谷（一九九三）は、欧米人の話し方が、話し手が自分の発話を完結させてから相手の話を聞く「対話」形式であるのに対し、日本人の話し方は、話の途中にあいづちを効果的に入れながら、話し手と聞き手が共同で会話を完結させる「共話」タイプだと指摘している。さらに表3にも見たように、韓国人と比べてみても日本人は相手への配慮を優先する共話的な会話運びをしているようだ。また会話上の「ね」や「よ」のような助詞を使い、話し手と聞き手が一様に「一定の交代のリズム」を保ち、協力しながら共に会話の糸を紡ぐことを理想としているようにも思われる。またこのことは、日韓の初対面の会話における質問について調査した表1（四五頁）の結果とも一致していると言えるだろう。

「うなずき美人」の《共話》機能

さて、日本語の「聞き上手は話し上手」や「あいづち美人」といったことばにあるように、たとえ一人が話している場面でも、上手なあいづちは共に会話に参加し、会話を作り上げているという雰囲気を醸し出す。『午後は○○《まるまる》おもいっきりテレビ』というお昼の人気番組があるが、番組後半にその日のニュースが読まれるスポットがある。ここでは男性アナウンサー

がニュースを読んでいるのだが、同時に画面には女性アナウンサーの姿も映り、ニュースの内容に合わせてわずかながら微笑んだり、悲しそうな表情を浮かべたりしながらうなずいている姿が映し出される。

このスポットにおける女性アナウンサーの役割はニュースを読むことではなく、「あいづち美人」というよりは「うなずき美人」に徹することのように見受けられる。一見すると無駄な役割に見えなくもないのだが、この女性アナウンサーのうなずきや表情による反応は、ドライな情報としてのニュースに、時として驚き、喜び、怒り、悲しみといった感情(affect)情報を付加して伝え、さらにお茶の間の視聴者とともにそのニュースに共感し、共有する上で重要な役割を果たしている。男女差によるあいづちの研究では、日本でも韓国でも男性よりも女性の方があいづちをよく打つという結果が報告されている。また日韓のあいづちの男女差を調査した姜昌妊《カンチャンイム》(二〇〇一)も、日本人女性の方が韓国人女性より多くあいづちを打っているとの分析をしている。『午後は○○《まるまる》おもいっきりテレビ』は主に主婦層をターゲットとしたテレビ番組だが、先の女性アナウンサーのうなずきは女性視聴者の共感を得るための一演出とも考えられるだろう。ちなみにこうした場面はアメリカのテレビ番組はもちろんのこと、韓国のテレビでもなかなかお目にかかれない。

〈6〉うなずきと視線の使い方

●日韓のあいづち――場面差

ここまで見てきたように、日本人は韓国人に比べてあいづちを多く打つが、こうした日本人と話をする時、韓国人はあいづちを共話の雰囲気作りのシグナルではなく、発話の継続を求めるシグナルとして受け取ってしまうことが多い。特に相手が初対面ならば、前述のようになるべく親しい雰囲気を作ろうと、さらに饒舌にいろいろ話してしまうことになる。また、もっと情報発信をしなくてはと早口になり、ついつい口を滑らせて余計なことまで話してしまい、のちのち後悔することもある。日本人から見れば積極的でお喋りに見える韓国人でも、実は日本人の巧みなあいづちに乗せられて、知らぬ間に「しゃべらされている」人も少なくないのだ。

さて、ここまで親しい間柄やテレビ・ラジオにおける日韓のあいづちについて見てきたが、会話の相手や場面が変わった場合、あいづちの打ち方はどのように変わるのだろうか。韓国人408人と日本人184人を対象に行った任《イム》栄《ヨン》哲《チョル》・李《イ》先敏《ソンミン》（一九九五）のアンケート調査結果の一部を、表4（次頁）に見てみよう。

表４　日本人と韓国人のあいづち頻度の変化（％）

		多くなる		変化なし		少なくなる	
		日本	韓国	日本	韓国	日本	韓国
相手	目上の人に	**61.7**	18.2	18.0	10.6	20.2	**71.2**
	目下の人に	27.3	34.0	**53.6**	**42.2**	19.1	23.7
場面	フォーマル	**42.4**	13.1	24.5	17.9	33.1	**69.0**
	インフォーマル	**42.0**	**65.2**	34.4	29.2	23.5	5.6

(注) 太字は日韓それぞれの最高値を示す。

まず、会話の相手との上下関係に注目してみると、相手が目上の場合、日本人の61・7％があいづちの頻度が多くなると答えている。しかし、韓国人の場合はわずかに18・2％で、逆にあいづちが少なくなると答えた人は71・2％にのぼっている。面白いことに日本人と韓国人とでは、相手が目上か目下かにより正反対の認識をしているのだ。

次に、場面がフォーマルかインフォーマルかという、場の改まりの度合いによるあいづち頻度の変化を見てみると、フォーマルな場面では日本人の42・4％があいづちは多くなると答えている。しかし韓国人に目を転じると、69・0％が逆に少なくなると答えており、ここでも日韓で反対の数値が出ている。さらにインフォーマルな場面では、日韓共にあいづちの頻度は高くなっているが、韓国の場合、特にフォーマルかインフォーマルかという場面による差が大きく、あいづちを打つべき場と控えるべき場の差が日本よりはっきりしている。つまり、「相手との上下関係」と「場の改まりの度合い」において、日韓ではあいづちの打ち方への認識がほぼ逆なのである。これは一体どうしてだろう。

◎うなずきのコミュニケーション、視線のコミュニケーション

前述のように、一般に日本人は目上の相手にあいづちを多く打つ。あいづちの多用が、相手の発話への理解や同意を示し、会話を進めやすい雰囲気を作ることになり、総じて丁寧さにつながると考えるからだろう。日韓の意識調査においても、「あいづちを多く打つ人に対し肯定的なイメージを持っている」と回答した人は、韓国人よりも日本人に多いことからも、日本人にとってあいづちは概ねポジティブなイメージがあると言える。

さらに先にも見たように日本人の会話では、あいづちだけでなく首を縦に振る「うなずき」も多い。講演会場などでは、聴衆が講演者の話に耳を傾けつつ、しきりに小さくうなずく光景が見かけられるが、メイナード（一九九三）も、対面コミュニケーションの頭の動きは、日本人がアメリカ人の約三倍であると報告している。加えて日本人は既に知っている情報にもよくあいづちを打ち、共話の雰囲気を作っている。このように相手の話に何度もあいづちを打つことは、相手によっては話に割って入ったり、相手の話の腰を折る行為とも受け止められかねない。特にアングロサクソン系の英語話者は、相手の目を見ることによって、相手の発話への積極的関心や理解を示すことが多

く、あいづちは相手の話の進行を妨げるという認識があるようで、一対一のインタビュー番組などでも、相手の眼をじっと見つめて話を聞く姿がしばしば見られる。

一方、日本人に対し韓国人は、目上の人の前や改まった場では、あいづちは控えるべきものと捉えている。韓国では儒教の影響から、目下は目上の前では口数を控え、ことばで意思表示をするよりも姿勢を正し黙って拝聴の態度をとることが礼儀とされる。そのため、目上の前であいづちばかり打っていると、丁寧にみられるどころか、かえって軽率な印象を相手に与えかねないのだ。韓国人のうなずきについては、日本人との本格的な比較調査はまだされていないものの、あいづちと同様に目上の前では、日本人より控えられている印象がある。

目上の前であいづちを控える一方で、韓国では相手の目を見ることにより、会話への積極的関心や誠意を表すことが多い。日本人にとって相手の目を直視しつつ話をするのは、かなり心理的に苦痛だろう。しかし、この点において韓国人は相対的にアメリカ人に似ており、相手の目を見て話すことが自身の真摯な姿勢を表し、丁寧さにつながるとしているのだ。

ただ、韓国人でも目上の人に叱られた場合だけは、目を直視していると反抗的な態度と受け取られかねないので、この点では日本人同様、視線は落とされる。アングロサクソン系のアメリカ人の場合、叱られた時に目をそらすと自分の過ちを認めたと見なされかねないともいうが、これとは対照的だろう。さらに「眼《ガン》をつける」や「眼《ガン》を飛ばす」という表現にあるように、日本では相手を直視することは挑発の意味にも取られることから、避けられる傾向にある。韓国語の〈째려보다《チェリョボダ》、갈구다《カルクダ》〉という表現も「相手の目を睨み、斜に構える」ことを指し、「眼を飛ばす」に近いニュアンスをもつ。それでも総じて目上の目を直視することは、日本ほど忌避されてはいないようで、筆者（井出）も研究室などで学生と対面で話している時に、じっとこちらの目を見て話す姿に、最初は驚かされたことを憶えている。

〈7〉お茶室のコミュニケーション

◎単純でないコミュニケーション・スタイル

初対面同士の会話とあいづちの研究から、日韓のコミュニケーション・スタイルの違いを考察してきたが、ここには日本と韓国それぞれの文化における丁寧さや親近感の表し方、さらには対人関係上の価値観が、言語行動の規範を介して表現されている。初対面の人と話す時、日本人はあまり直接的にいろいろ尋ねるようなことはしないが、間接的な質問や、あいづちやうなずきを上手く利用した「共話的」会話の運び方により、相手への関心や会話への参加を示している。これに対して韓国人は、時には相手の私的領域に踏み込んででも、話題や質問を相手に集中させ、相手への親しみや関心を表現している。

こうした韓国人のコミュニケーション・スタイルは、日本人の目には、時として一方的で遠慮がないようにも映るだろう。しかしながら、これは相手によって代わるもので、特に目上に対しては韓国人は口数を控え、視線や姿勢によって誠意や関心を示すようになる。このように、ひと口にコミュニケーション・スタイルといっても、相手や場面に合わせて対面コミュニケーションの方略《ストラテジー》は変化し、それぞれの状況に即した対処がされているので、一概に「韓国人はこうだ」とは言えないのである。

●お茶室のコミュニケーション

ところで「コミュニケーション」ということばを聞くと、どんな場面が想像されるだろうか。人と人とが面と向き合って話している姿や、メッセージを託したボールを打ち合うテニスのラリーのような場面が想像されるかもしれない。こうしたものを「対面」のコミュニケーションとすると、そもそも日本文化には「対面コミュニケーション」とは別のコミュニケーションの形態があったと思われる。例えば日本の茶道は、主人と客人とのお茶を介したコミュニケーションの儀式とも言えるが、茶道の作法では、相手の目は直視せず、やや視線を逸らすなり落とし気味にするのが礼儀にかなうとされている。その際、床の間の掛け軸や生け花、そして観賞対象となる茶せんやさじなどの道具が、そうした視線の緩和材の役目も果たしている。

韓国にも茶道があり、美しい焼き物の碗でお茶をいただく伝統的な作法がある。しかし、抹茶を立てるのではなく緑茶を入れるのが主流で、どちらか

立て膝で座る女性

というと中国や台湾の茶道に近い形態である。また韓国の茶道は主に女性が行うのだが、女性は正座ではなく正式な座り方として立て膝をつくところが日本とは異なる。こうした韓国の茶道には、日本の茶室のような茶道専用の空間は設けられておらず、特に掛け軸や花も飾ることはない。そのためであろうか、韓国式の茶道では主人や客人が、相手から視線をそらすことを礼儀とする作法は特にないという話である。

『東京物語』（一九五三）や『晩春』（一九四九）などの作品で知られる小津安二郎の映画は、欧米にも熱狂的ファンが多いが、登場人物が同じ方向に向かって並ぶ演出方法が多くとられていることが有名である。砂浜に並んで腰掛けて一緒に海を見つめるのであれ、縁側に並んで夕涼みをするのであれ、たとえ互いに視線を合わせることはなくても、同じ光景を見ながら「場」を共感することで人間関係が描写されるのだ。小津監督の嗜好であると同時に日本人には馴染みの深い場面だろう。

欧米社会からの影響によってずいぶんと変化してきたとは

言え、現代社会においてもこうした傾向は決して失われてはいない。生活様式が変わった現代の映画やテレビドラマを見ても、食卓で新聞を読む夫と台所で家事をする妻とが、視線を合わせるどころか、ろくに顔さえ見ることなく会話をする場面などがしばしば登場する。また携帯電話のメール通信の人気も、日本人の対面を避けるコミュニケーション形態と全く無関係ではないように思われる。

同様に韓国社会でも、いろいろな形のコミュニケーションの型が見られる。ボディーランゲージを中心とする非言語の側面についてはⅣ章で詳しく触れるが、少なくとも視線に関しては、やはり韓国人の方が日本人より相手と目を合わせることによりコミュニケーションを行う傾向が強い。どうやら日本人は欧米人だけでなく韓国人に比べても、対面の固定化を避け、視線を外したコミュニケーションを一つの規範とし、実践してきたのかもしれない。

〈8〉コミュニケーション・スタイルと異文化摩擦

●発話解釈の枠組みの違い

この章では日本人と韓国人のコミュニケーション・スタイルについて述べてきたが、言うまでもなく異文化間コミュニケーションにおける誤解のほとんどは、相手のコミュニケーション・スタイルを、自文化のそれに当てはめて解釈してしまうところから生じる。社会言語学者のガンパーズ（Gumperz 1982）は、コミュニケーション上の摩擦は、文法的な違いだけに留まらず、あるグループが会話を理解する上で拠り所とする「コンテクスト化の合図」(contextualization cue）の違いから来ることを明らかにした。コンテクスト化の合図とは、発話の際のイントネーションやピッチ、声の大きさといったパラ言語的要素、そして非言語的要素を総じて指すものだが、「お前、クビだよ！」といった発話も、その言い方をどのように解釈するかによって、本気にも冗談にも取れるだろう。つまり、たとえ同じことばを文法も発音も正確に話しても、話し手と聞き手の抱く発話の解釈の枠組みが異なれば、予期せぬミスコミュニケーションが生じかねないのだ。

ガンパースの概念を基盤とした研究は、男性と女性の話し方の違いや異民族間コミュニケーションの分野でも数多く発表されているが、ここで言語人類学者のベイリー（Bailey 2001）の研究を紹介したい。ベイリーはアメリカ社会において、韓国系アメリカ人とアフリカ系アメリカ人との間に生じる対面コミュニケーション上の誤解について、ロス・アンジェルス市内の韓国系経営者の店を舞台にフィールドワークをしている。その中で、韓国系の店員とアフリカ系の客とのやりとりをビデオ録画し、それぞれのグループが対面コミュニケーション上、相手にどのように「敬意」（respect）を表しているかを考察している。その結果、韓国系アメリカ人は会話上、相手への関わりを「控えること」が丁寧さにつながるとして行動する一方、アフリカ系アメリカ人は会話の上で相手と積極的に「関わること」が敬意につながるとする違いが指摘された。例えば、アフリカ系アメリカ人は知らない人にジョークを言ったり、'Oh, shit!'（クソ！）などの感嘆詞を使って自分の感情を表すことが、相手と気持ちよく関わる上で大切な行為だとしている。しかしこうした彼らの言動は、韓国系アメリカ人の目には「身勝手」で「無教養」として映る。逆にアフリカ系アメリカ人は、自分達のコミュニティー内で用いられる「敬意」のインターアクションが、韓国系アメリカ人には受け入れ

ロス暴動
暴動で全焼した韓国人経営の商店街
(毎日新聞社提供)

られないことから、韓国系を「不親切」で「人種差別主義者」だと認識するようになると言うのだ。

韓国系とアフリカ系アメリカ人に限らず、私たちは誰もが自分の属するスピーチ・コミュニティーの中で「適切な会話」だと認識される枠組みを規準に、他の人の話し方を判断する傾向がある。そのため、相手と自分との会話の解釈の枠組みが異なれば、自然とコミュニケーションに誤解と亀裂が生じてしまう。こうしたコミュニケーション上のすれ違いは、些細な問題にも思われるかもしれない。しかし、複数の白人警察官が一人の黒人男性に不当な暴行を加えた「ロドニーキング事件」をきっかけに、一九九二年四月に勃発した「ロス暴動」を思い出していただきたい。放火や盗難などが相次ぐ大混乱の最中、アフリカ系アメリカ人が数多くの韓国系アメリカ人を襲撃し、二千軒にも及ぶ韓国系経営の商店が焼き討ちされたことが内外のメディアで報じられた。アフリカ系と韓国系の衝突の背景にはさまざまな社会的、経済的諸問題が複雑に絡んではいるものの、ベイリーが指摘するようにそれぞれのコミュニケーション・スタイルの違いが、日常レベルで相手への不信感を蓄積させ、根深い蔑視や差別意識を生み出していたのだ。日本人と韓国人との日常レベルの些細な誤解も、知らぬ間に思わぬ偏見や誤解につながっていないとも言い切れないのではないだろうか。

ちょっと勉強 2

韓国人が抱く日本語のイメージ

近年、日本経済の発展に伴い、国際的に日本への関心が高まり、日本語の学習者が急速に増えつつある。韓国もその例外ではなく、日本語教育に関して世界で最も盛んな国の一つであるといわれている。しかしながら、一方で韓国人には、日本語が「国語」として強制された歴史もある。

では、最近の韓国人が日本語に対して抱くイメージはどのようなものであろうか。ここでは、調査によって得られた資料に基づいて、韓国人が日本語に対して抱いているイメージについて考えてみたい。

資料は、韓国全域で一三六五人を対象に行われたアンケート調査の結果である（具体的なことは、任一九九三を参照）。

▼日本語のイメージ

日韓両国を対象に行われた社会調査の中には、日韓両国民に対するイメージや、様々な民族に対する好悪に関する研究が数多くある。また、両言語の比較・対照研究も多くなされている。しかし、両国語のイメージに関する調査研究は皆無に等しい。

そこで、「日本語に対してどのようなイメージを持っているか」と質問してみた。もちろんひと口に日本語といっても、個人差、男女差、地域差があるので、総体としての日本語に対してどのようなイメージを持っているかをみることにした。

まずはじめに、全体から見ると、プラスの評価では、「柔らかい」が最も多く33・2%、以下、「軽快」、「聞きやすい」……の順であった。マイナス評価では、「聞きにくい」が34・5%で、以下、「嫌い」（33・5%）、「汚い」（31・9%）……の順になっており、全体としてはマイナスの評価が多かった。しかし、「軽快」（30・1%）と評価した割合は、これと対になる「重苦しい」（20・5%）をかなり上回っている。一方、「嫌い」と「汚い」は、対になる「好き」と「きれい」を各々13・6%、15・3%上回っている点が注目される。

▼好きか嫌いか

全体では、すでに見たように「嫌い」が「好き」を13・6%上回っており、日本語を「嫌い」と考えている人が多いことが窺える。

男女別では、「好き」（男21・6%、女18・1%）、「嫌い」（男34・4%、女32・5%）で、ともに女性より男性の方がわずかながらその割合が高い。

年齢別では、年代があがるにつれて「好き」と答える割合が増え、逆に「嫌い」の割合が減っていく傾向が見られた。なお、「好き」は六〇代（35・3%）で、「嫌い」は一〇代（56・3%）でその割合が最も高く、特に六〇代では「嫌い」（28・5%）よりも「好き」（35・3%）の割合の方が高くなっている。

III

泣く子に乳をやる

〈1〉「考えておきます」

Noと言えない日本人？

韓国の大学では同級や同窓の絆が強く、学科や学年ごとの行事が実に多い。学期中は〈祝祭《チュクチェ》〉（日本で言う学園祭）を筆頭に、学生会の会長選挙や〈師恩会《サウンフェ》〉（謝恩会）、学科対抗のスポーツ大会がキャンパスを賑わす。こうした催し物が開催される時は、学生も教員も普段真面目に行っている授業はそっちのけでイベントを楽しむ。また、メンバーシップ・トレーニング（通称MT《エムティー》）と称する合宿では、学科ごとに学生と教員が近郊の合宿所へと出かけ、寝食を共にしながら楽しいひとときを過ごす。さらには、毎年有志を中心とした学生たちが計画を立てて修学旅行や卒業旅行へも出かけて行く。

二年生の修学旅行を翌週に控えたある日、筆者（井出）の研究室に三人の学生が訪ねてきた。三泊四日の済州島《チェジュド》への旅行に、引率教員として参加してもらえないかとのお願いだった。その週はどうしても都合がつかず、既に他の先生が同行することになっていたのだが、彼らは「そこを何とか」と懇願の表情である。手帳を眺め、しきりに難しい顔をして「予定が入っていて無理」と言ってみたのだが、彼らはなかなか引き下がらない。いくら言っても

韓国の学園祭でのひとコマ

引き下がる様子がないので、半ば仕方なく「じゃあ、考えておくから」と言ってみたところ、学生達はニコニコと微笑みながら、〈기대할께요《キデハルケヨ》〉（期待しています）と言って退室していった。

　翌週、廊下で修学旅行から帰ってきたばかりの学生達に声をかけた。すると意外なことばが返ってくるではないか。「先生、どうして来なかったんですか？ 私たち空港で待ちました」。手帳まで開いて無理だと言ったからには、当然こちらの立場はわかってくれているだろうと思っていただけに、この時のショックは大きかった。韓国語にも、〈생각해《センガケ》 보겠습니다《ポゲッスムニダ》〉（考えてみます）という表現がある。しかし、日本でしばしば婉曲的な断り表現として使われるこの表現が、韓国では逆に額面通り受け取られることが多いことを知ったのは、こうした経緯からである。

　人に何かを頼まれた時、それを断るのに気が重くならないという人はあまりいないだろう。依頼内容によりけりとはいえ、実際に何か依頼されて正面きって「できない」と言うのはなかなか勇気がいることだ。「Ｎｏと言える日本人」がもてはやされる社会になってきたはずなのに、一般の日本人は依頼や要求などの断りを苦手としているように思われる。では韓国人の場合はどうだろう。

日本人の書いた韓国の文化や社会にまつわる著書やエッセイを読むと、必ずと言っていいほど韓国人に何かを頼まれ、断るのに一苦心したというエピソードが語られている。韓国滞在時の井出もこんな経験をした。日本へ帰省する時、親しくしていただいていた韓国人の大学教授に、東京の企業に勤務する息子のためにキムチを届けてくれと頼まれたのだ。目上の方の依頼ということもあるが、普段からまるで母親のように世話をして下さっていた方だったこともあり、お引き受けして金浦《キンポ》空港で待ち合わせをした。当日、待ち合わせ場所に現れた教授は、重さゆうに10キロはあろうかというかばんをカートに乗せて登場し、別段悪びれた様子もなくそれを私に渡したのだった。せいぜいトランクに詰められる量だろうとたかをくくっていたのだが、キムチ各種の他にもさまざまな肉や惣菜が詰まったかばんは予想外の大きさで、慌てふためいたのは言うまでもない。日本語の「依頼・お願い」に相当する

韓国語は、「付託」という意味の韓製漢語で〈부탁《ブタク》〉というのだが、どうもこの부탁《ブタク》は、日本の依頼やお願いとは少々違う感覚で使われているのではないかと思わざるをえなかった。

〈2〉断りの方略《ストラテジー》の日韓比較

●「助け合い」と〈労力交換《プマシ》〉

日本語には「持ちつ持たれつ」や「お互い様」という言葉があり、日本社会における助け合いの精神を表す。しかし、韓国語で相互扶助を意味する〈품앗이《プマシ》〉ということばの概念と、日本の助け合いとでは少々ニュアンスが違うようなのだ。古田（一九九五）によると、품앗이《プマシ》は韓国社会で知人との関係を維持する上で非常に大切な「労力交換」を意味している。労力交換とは、すなわち必要な時に互いが互いを助け合うという精神なのだが、韓国ではこれを断るとたちまち人間関係も途切れることになってしまうと言うのだ。つまり、韓国社会では、相手に何かを依頼することによって互いの親密な関係が確認されるのであり、極端な言い方をすれば、友人関係を保つ上では相手に「迷惑を掛ける」ことが親愛の表現につながるのだ。一方日本社会にも、「頼まれるほどに仲がいい」という側面はあるだろうが、韓国人と比べると、もう少し相手の立場に配慮した頼み方をしているような気がする。

だが、いくら품앗이《プマシ》とはいえ、韓国人でも断らざるを得ないような状況もあるはずだ。では韓国人は相手の부탁《プタク》に応えられない場合、どのような形で

表１　日本人と韓国人の断り表現の傾向

日本人	〈曖昧型〉〈延期型〉〈率直型〉
韓国人	〈率直型〉〈弁明型〉〈虚偽型〉

依頼を断っているのだろう。

●日韓の断りの類型の違い

任炫樹《イムヒョンス》（一九九九）は、日韓のテレビドラマの中から実際に断り表現の表れる談話を取り上げて、日本人と韓国人に多い断り方をいくつかの類型に分けて分析している。この研究は断りの質的な側面に焦点を当てたものだが、ここでは表１に日本人と韓国人に特徴的な断り方の傾向をまとめたものを考察したい。

まず、日本人に特徴的な断りの表現方法は、率直型の他に、「実はその……」などと言い濁しをしたり、はっきりした意志の表明を避ける〈曖昧型〉、そして冒頭の「考えておきます」に見られるような決断を保留する〈延期型〉が顕著なようだ。これに対し、韓国人に特徴的な断りの型としては、「やりたくない」、「嫌です」などと率直に断りの意思表明をする〈率直型〉、言い訳を述べる〈弁明型〉、そして「都合が悪い」などと便宜上嘘を言う〈虚偽型〉の三つが挙げられている。

さらに韓国人に特徴的な断りの型を詳しく見ると、はっきりと自分の気持ちを直接言う〈率直型〉の断りは、主に友達同士などの親しい間柄で使われていて、目上に対する使用は避けられる傾向にある。これは日本人も同じで目上に対して、率直な断り表現はあまり使われていない。しかし言い訳をする〈弁明型〉の断りになると、韓国人は友達同士のような近い関係の相手だけでなく、会社の上司などの目上に対しても頻繁に使われていることを、任《イム》は指摘している。つまり韓国人は、目上の相手に何かを頼まれた際、〈できません〉などと率直に断ることはあまりなくても、できないことについての言い訳をする傾向が、日本人に比べて強いと言うのだ。

　目上の相手に不具合を生じさせた場合、日本人は下手な言い訳はかえって相手に不誠実な印象を与えかねないと考える人も少なくない。そのため、例えば待ち合わせに遅刻したような場合も、「すみません」と謝るだけで、遅れた理由については触れないことが多いだろう。しかし、韓国人は約束の時間に遅れた際、相手が目上であっても〈道が混んでいまして〉なり〈バスが遅れまして〉などと、具体的に弁明をすることが多い。約束の時間に遅れたことに対して謝るだけでなく、同時に遅れた理由を自分の立場からきちんと説明してこそ誠実な態度を取っていると考える人が多いのだ。この調査結果はあくまでもテレビドラマに表れる断りの場面の行動であるが、日本人と韓国人の断りの方略《ストラテジー》にはかなり違いがあるようだ。この違いについて別の研究から、さらに詳しく見てみよう。

〈3〉不満を言う韓国人？

●理由を述べる韓国人

栗原（二〇〇三）は日韓の大学生それぞれ37人ずつに、インタビュー形式の談話完成テストを行い、断りの方略について細かな分析をしている。調査では、「教授とのクラス連絡係になった学生が、突然都合が悪くなったため、自分に係を代わってくれるように頼みに来た場面」を想定し、被験者にこの依頼を断ってもらうように指示している。この時被験者に依頼をする相手は、上下・親疎関係を軸として、親しい先輩／同輩／後輩、親しくない先輩／同輩／後輩の六人が想定されているが、日韓それぞれの調査結果から次の点が報告されている。

まず、日本人の断りの談話では、「できない」、「やらない」といった率直型の断りの表現が全体の25％に見られたのに対し、韓国では全体の約50％で率直型の断り表現が用いられた。韓国人の方が日本人の二倍の頻度で、はっきりと遂行が不可能なことを明言しているのだ。さらに断りの理由を見ると、日本人では一つの談話中、平均1・56回断りの理由が挙げられているところ、韓国人は平均2・72回と、やはりここでも二倍近くも具体的な理由を付けて断っている。前述のように、韓国人の断りの談話には率直型と弁明型が多いことが数値でも確認されたわけだ。

韓国人はどのように依頼を断っているのか談話例を見てよう。次の談話例は、インタビューで録音された談話を文字化したもので、韓国人に典型的な断りの方略がはっきり表れている（栗原 二〇〇三）。談話は日本語から韓国語に直訳されており、多少不自然な印象があるだろう。しかし、ここではあえてオリジナルの韓国語のニュアンスを残すように日本語への直訳を用いる。なお、傍線箇所は「断り表現」、傍点箇所は「断りの理由」、波傍線箇所は「代案の提示」を示す。

《①―韓国人の断り》親しい先輩に

〈先輩、すみませんが。私が本当にできないんですよ、だから、私が今学期にすごく忙しくて、やることも多くて、時間もなくて、だから、今学期に私が授業すごくきつくてできないみたいです。本当にすみません。ごめんなさい。〉

《②―韓国人の断り》親しくない先輩に
〈先輩、私どうしてもだめみたいなんですよ。最近忙しいことが多いし家庭教師もたくさんしているから、ちょっと気を遣うのが難しいみたいなんだけど。他の後輩たちに、ちょっと電話して、やってくれと言ったらだめですか？　すみません、先輩。〉

談話①と②は、共に先輩に対する断りの発言であるが、傍線にあるように「できない」という話し手の意図が、談話の開始部だけでなく終結部にもくり返されている。また傍点箇所にあるように、頼みを断らなくてはならない理由が複数回にわたり述べられている。特に談話①では弁明が延々と続き、日本人には少々くどい印象をも与えるだろう。だが、韓国人は日本人に比べ、頼みに添えないことをはっきりと言及しつつも、謝罪と弁明を織りまぜることにより相手の理解を得ようとしているのだ。さらに相手が先輩だということもあってか、〈すみません／ごめんなさい〉といった謝罪表現も談話の開始部と終結部に表れている。

比較材料として、日本人の被験者が先輩の依頼を断っている録音談話から紹介してみよう。

《③—日本人の断り》親しくない先輩に
「あー、ちょっと。バイトが苦しいので、バイトの方で人手が足りないから、ちょっと無理です。」

この談話にも断り表現（傍線部）と断りの理由（傍点部）が見られる。しかし①と②の談話例に比べると、断りの理由の拠り所に違いが見受けられる。③の「バイトが苦しい」という理由は、明らかに自分の立場に焦点を当てた弁明だ。それに加えて「バイトの方で人手が足りない」と、原因を第三者に転移する形の弁明も述べられている。

さらに談話①と③とを比べれば明らかなように、日本人の断りには主語としての「私」が欠落しているのに対し、①の談話では「私」が実に三回もくり返されている。日本語と韓国語とは、非常に似通った文法構造を持っているのだが、第一章の「どうも」の例にも見たように、日本語は韓国語に比べ省略が多い。日本語の主語の「私」も韓国語の〈저《チョ》、나《ナ》〉に比べ、全般的に

省略される傾向が高いのだが、「私」ということばがあまり省略されない韓国人の断り談話は、自分の立場をより強く主張した話し方になっているとも考えられる。

●代案内容にも日韓差

次の談話は韓国人の男性が後輩の依頼を断っているものである。

《④―韓国人の断り》親しい後輩に
〈おい、そんなこと俺はできないだろう、年齢もあるし。そういうことはお前がやって、こうして経験を活かさないと。〉

ここでもやはり断り文とその理由が述べられているが、その他にも波傍線部分の「そういうことはお前がやって」にもあるように、依頼を持ちかけてきた本人がそのままクラス連絡係を続けるべきだという「提案」もされている。同様に、談話②の波傍線部分にも「他の後輩に頼んだらどうか」という具体的な「代案」が出されている。相手からの頼みを断らなくてはならない

表２　代案・提案の種類

	第三者が行う	依頼主が行う	話し手が行う	計
日本	95（1）	2	2	99
韓国	35（5）	56（12）	2	93

（注）（　）内の数字は同じ提案・代案が一つの談話内で繰り返し表れた回数。
（注）「話し手が行う」とは，被験者が依頼を断り切れず，結局自分が依頼を引き受けた例を示す。

場合、代案を出すなり提案することは確かに一つの手段である。しかし栗原の調査では、韓国人は特に相手が同輩や後輩の場合、日本人の二倍近くの割合で提案や代案を用いている。逆に日本人では、先輩に提案するケースは若干数韓国を上回ってはいても、同輩、後輩への提案はほとんど見られなかった。

さらに同じ提案をするのでも、日本人の学生は第三者に当該行為を頼むように提案することが多い。表2を見れば明らかなように、同じ代案や提案をするのでも、「他の人に頼んだらどうか」という第三者を巻き込んだ提案は、日本人の場合、韓国人の三倍近くの割合に上る。一方で、韓国人の学生では④の談話のように、「あなたがやればいい」といった依頼主に当該行為をするように意見するケースが多くなっている。表2でも依頼者がすべきだという意見表明は、日本人がたった2例のところ、韓国人のケースは56例にもなり、依頼の断り談話においては半ば定型化されているようにも思われる。つまり、日本人は代案を提示する際、第三者を引き合いに出すのに対し、韓国人は目の前の相手に働きかける形で、より直接的な対応をとっているのだ。

◎不満で返す韓国人？

こうした断りの方略に加え、韓国人の断りに顕著なパターンには、依頼された相手に「不満・批判」を言うという点もあるのだ。栗原によれば、日本人は、クラス連絡係を代わってくれと面倒な依頼をしてきた相手が親しい後輩の場合、不満や批判を口にする傾向が男女ともに若干数見られるが、その割合はさほど高くない。しかし韓国人の場合は、相手が親しい同級生や後輩の場合なら、自分の率直な不満や迷惑感を口にする傾向がより強いのだ。実際、親しい後輩に不満や批判を言う率は、韓国人女性の場合、日本人の約六倍、男性の場合は実に約九倍になっている。談話⑤はその一例で、女性の被験者が親しい後輩の依頼を断っている例である。

《⑤—韓国人の断り》親しい後輩に
〈ちょっと、この先輩がそんなことしそうに見える？　私がそんなことしそうに見える？　私がそんなこと好きじゃないこと知らないの？　私の性格知らないの？〉

直訳調のためもあって、この発言は日本人の耳にはかなり乱暴にも聞こえるかもしれない。しかしながら、韓国では相手によっては、このように依頼をされたことに対する迷惑感や不満などの本音をはっきりと伝える傾向が高い。この傾向は上下関係があればあるほど顕著なのだが、日本ではいくら自分が先輩でも、後輩の依頼に不満や批判を言うことはそうないようにも思われる。

このように、日韓を比較してみると、日本人の断り行動では、直接的な断り表現を避け、また依頼に応えられない理由の言及を控え、さらに代案として第三者を引き合いに出す方法が取られている。こうすることにより話者間の責任の所在を曖昧にし、さらには相手の察しに頼った話し方のストラテジーを取っていることが窺《うかが》える。他方、韓国人は依頼を断らなくてはならない理由を具体的に何度も説明し、時には相手の責任をも追求しつつ、自分の立場の正当性を強調するストラテジーが取られていると言えよう。

さらに韓国人の談話と比べてみると、日本人の断り談話には主格の「私」が省略される部分が多いのだが、こうした傾向は断りの場面に限られたことではない。初対面の相手に自己紹介する際、韓国人では〈私は○○○（姓名）

と申します〉と、きちんと〈私は〉と主語を入れた話し方をする人が多い。しかし、日本人の場合は、「△△（姓）と申します」と「私」を省略する人が多いことは、日本に長年滞在したことのある韓国人も指摘していることである。このように断りの談話だけを見ても、日本人と韓国人の話し方のさまざまな違いが浮き彫りにされるが、こうした話し方の違いは日本人と韓国人の違いについて何を物語っているのだろう。ここで少し韓国における話し方の慣習全般に目を向けてみよう。

〈4〉泣く子に乳をやる

◎声が大きい人が勝つ

一九九七年の通貨危機を乗り越えてからの韓国は、以前にも増して交通渋滞が激しくなったと言われる。そんな韓国の街中の、混んだ道路のそれこそド真ん中で、時折、車を降りて激しく口論している人たちを見かける。交通事故発生である。

日本人同士が接触事故に遇ったとしたら、どちらの過失かわからない段階でも、とりあえず礼儀として「すみません」とお互いひと言あいさつを交わすことはそう珍しいことでもないだろう。これはイデ（Ide 1998）にもあるように、時として「すみません」が自分の非を認めた上での「謝罪」としてではなく、日本社会における相互依存関係を前提とした儀礼的あいさつとして使われることからも来るが、こんな時韓国人は、自分の絶対的過失が明らかでもない限り、相手には〈すみません〉などといったことばを使わないのが普通である。むしろ相手がいかに過ちを犯し、自分がいかに正当であるかを、理屈でもって激しく論じ合うことを当然のことと受け止めている。一般に交通事故に遭遇した際、韓国人はまず〈声が大きい人が勝つ〉と考えるというが、この点で韓国はむしろアメリカ社会に似ているとも言えるだろう。

韓国には〈우는《ウヌン》 아이《アイ》 젖준다《チョッジュンダ》〉（泣く子に乳をやる）という諺がある。これは、泣いて乳を欲しがる赤ん坊は乳をもらえるが、泣かない子はもらえない、つまり自分の考えを声に出して主張したものが勝つという意味になる。そのため、交通事故の現場に限らず、商談や普段の談話場面でも、自分の考えを主張するだけにとどまらず、述べたいことに説得力を加えるため、大声かつ早口で話す韓国人が実に多い。こうした韓国人の話し方には、時に日本人が「殴り合いに発展するのでは？」と危惧するような激しさもある。しかし、どちらかの論が相手の論を負かせば、事態は意外なほどあっさりと終結に至ってしまうのである。

●泣かずに乳をもらう日本人

このように、韓国人は自分の意思をことばでもって明確に伝えることに価値を置くが、断りの方略の場合も、相手に不満や批判をぶつけるケースに見られるように、わだかまりなく本音を率直に伝えることが、後腐れなく気持ちのいい人間関係の形成につながると考えているようだ。こうした韓国人と

〈泣く子に乳をやる〉

〈泣かずに乳をもらおう〉

は対照的に、日本人は直接的なことばよりも、間接的で曖昧な表現を用いることが多い。これは自分が直接的に断ることによる心理的な負担を逃れたいという気持ち、また依頼を断ることによって相手を傷つけることを避けたいという気持ちから生じる行動なのだろう。〈泣く子に乳をやる〉に対して、〈泣かずに乳をもらおう〉という考えかもしれない。

「考えておきます」のような曖昧な発言が、断り表現として機能する日本人の発話上の方略《ストラテジー》は、ことばの裏に潜む真意を、言わずとも相手に汲み取ってもらおうとする相手への「甘え」、そして相手に「察し」てもらいたいという期待があるからこそ機能するのかもしれない。演劇用語で、役者がことばや所作以外の思い入れで心理表現をすることを「腹芸」と言う。日本人は腹芸よろしく、ことばで伝えなくても相手が自分の心中をわかってくれるという前提のもと、コミュニケーションを図ろうとする傾向がある。また年季の入った夫婦が「アレ取って」と言えば何のことだか分かるように、長い間「場」を共有してきた相手とは「以心伝心」、「あ・うんの呼吸」となるのが理想的なのも日本ならではのようだ。

　だが腹芸にせよ以心伝心にせよ、日本人の意図のはっきりしない曖昧な表現は、欧米人に限らず韓国人をもイライラさせていることがあるのだ。

〈5〉討論が苦手な日本人

●対立を避ける談話スタイル

欧米社会、特にアメリカに留学した日本人の苦労話の中に、授業中行われるディスカッションでなかなか上手く発言できないという問題がある。『欧米人が沈黙する時』で直塚（一九八〇）もその体験について触れているように、アメリカ人に比べ日本人は討論の場で発言しようにも発言の機会を逃してしまうことが多い。これは他の人の発言を聞くことや、場の流れを汲み取ろうとすることに気を取られるあまりの結果であることが多いのだが、言いたいことが言えずに黙っていると、何も考えていない人間として周りのアメリカ人から軽蔑の目で見られてしまうというのだ。

Yamada（1992）は日本人とアメリカ人の商談《ビジネストーク》での会話を題材に、日本人とアメリカ人の談話上の特徴を会話分析の方法を用いて考察している。その中で、アメリカ人と日本人の談話スタイルの違いとして、以下の点を指摘している。

まず、アメリカ人にとっての「話す」（talk）という行為は、各々独立した考えをもつ個人が、自分の意見を相手の意見と戦わせていく過程が必須の前提となり、その中で接点が見出され、合意が形成されていくものである。したがって、個々人の自主的な意見の表明なくして「話し」は成立しない。特にアングロサクソン系のアメリカ人にこの傾向は強く、はっきりとことばで伝えずに単にほのめかすような行為は、卑しく礼儀に反することだと考える人が多い。よって、会話の途切れた「沈黙」の時間は、意思疎通の中断や欠落とみなされ、当然避けられるべきものとして認識される。

　では、日本人にとって「話す」という行為はどのように意識されているのだろう。Yamadaは、日本人の商談《ビジネストーク》では、会話参加者が独自の意見を発表するよりも、初めからその場の意見の「調和」と「維持」を最終目的としていると指摘する。そのため、個人間の意見の衝突や対立は極力避けられ、話者相互間の「察し」や「遠慮」を介して、グループとしての結論を導くことが最優先されるのだ。それゆえに、商談成功のためにはその前の段階での「根回し」（韓国では〈事前交渉《サジョンギョソプ》〉と呼ばれる）が重要な行為となる。このように全体の調和を目指した会話において、「沈黙」は個人に帰結するものでなく、その場のグループのものとなる。そのため、グループで共有される沈黙はとりたててネガティブな意味合いはもたず、アメリカでは極力避けられる沈黙も、日本では全体の「調和」のためにはプラスの側面を持ちうるのだ。

当然、こうした日本人の談話スタイルは、アメリカ人にとって不可解なものであり、商談や談話の上で不必要な誤解を招く原因にもなりかねない。これは相手が韓国人の場合にも当てはまるようである。それでは、日本と韓国とでは、「話す」という概念そのものにどんな価値観の違いが存在するのだろうか。

〈6〉「武器」としてのことば

●雄弁学院

韓国社会は日本と比べるとアメリカ社会により近く、自分の考えをはっきりと伝えない人は何も伝える内容がない、つまり知的レベルが低い人だとみなされることが多い。そのため、自分の意見を明確に、そして即座に伝えるための訓練が幼い頃からされている。話し方の教育は、一般に子どもが幼い頃から行われるものだが、たいがいの親はまず子どもがまっすぐ相手の目を見て話すように躾《しつけ》けるという。また、人前で自分の意見を明確に述べることは、自分自身の自信につながると考える韓国では、こうした能力を着実に身につけさせるために、親が我が子を街の「雄弁学院」（〈웅변학원《ウンビョンハグォン》〉）に通わせる例が少なくない。

筆者（井出）がある韓国人の友人と話をしていた時のことである。彼女には結婚を前提に付き合っている男性がいるのだが、相手の男性はシャイな性格がわざわいしてか、はっきりと物を言わず、なかなか二人の関係をリードしてくれないとのことだった。心に抱える不安と不満を語りながら、その時彼女は真面目な面持ちで、〈(彼を）雄弁学院に通わせたい〉とつぶやいたのが印象的だった。

雄弁学院とは文字通り、雄弁になるための術《すべ》を身につけさせるための学習塾のような場所だが、幼稚園児から高校生、そして成人までを対象に、市内のあちらこちらで経営されている。日本の子どもたちがピアノや水泳などの習い事に通うのと同じ感覚で、韓国の子どもたちもその多くが習い事をしているのだが、特に内向的で引っ込み思案の子どもが雄弁学院に通わされるケースが多い。

授業は対象となる子どもの年齢層によって異なるが、大体が発声方法を指導し、発音を矯正し、作文の書き方を教え、また準備した作文や即興のスピーチを口頭で発表させる。つまり、いかに巧みに力強く、そして人に感銘を与えるように話すかを実践的に教えるわけだ。講師は大学の児童教育科や国語教育科の出身者、さらに最近では英語教育の専門家もいるようだが、一人一人の生徒に短時間で自分の考えをまとめ、それをわかりやすく発表する術を教えている。先生が出したテーマについてスピーチをする練習では、〈私は必要とされる人間か〉、〈洞察力は資産である〉、〈塩のような人間（＝必要とされる人間）になろう〉、〈不可能はない〉などといったテーマについて、即興でスピーチをすることが要求される。

雄弁学院の他にも「論述学院《ノンスルハグォン》」という小論文の書き方を教える塾もあるが、こうした塾の存在は、教育熱心な韓国らしい一面であると同時に、韓国社会においていかにことばが「武器」として捉えられているかを象徴していると言えるだろう。韓国人一般の考え方の中には、自分の領域は自分で主張し守らなければ他者に侵害されてしまうという思いが強いという。そのためか、周りとの「調和」を重んじる話し方以上に、積極的な発言を通して自分の考えをアピールし、物事を達成する話し方が高く評価されるのだ。日本でも「話し方セミナー」の類いが開催されてはいるものの、社会人を対象としたものが主流である。またその目的もキャリアアップや職場での人間関係改善、さらには接客の際のコミュニケーション教育が多く、自分をどう見せるかということよりも、対人関係を成功させることに焦点が置かれる傾向がある。

●討論文化

「武器としてのことば観」は、韓国社会の他の部分にも反映されている。
経済危機のあおりを受けて、日本も韓国も近年厳しい就職難の時代だが、韓

大統領選討論会

国の大手企業では入社面接を実施するにあたり、面接者を便宜的に数人ずつのグループに分け、ディベートさせるところが増えてきている。ディベートの議題は国内外の時事問題、政治・経済問題など、通常の入社面接でも取り上げられるものが多い。議題についての考えを面接で聞き出すのではなく、敢えてディベート形式で討議させることにより、企業側は議題に対する知識の有無や性格適性の他に、グループ内において自分の意見を理路整然と話し、強く主張する能力をもテストしているのだ。ディベートによる査定は、入社面接のみならず、大学入試でも一般面接と併用して実施するところが増えてきている。こうした現象は韓国社会において、自分の意志をはっきりと相手に伝えることが、個人の能力、そしてその人の「格」として重要視されていることを物語っているのだろう。

さらに韓国の大統領選では、候補者同士の討論会がアメリカ大統領選のディベート形式に則った形で行われるが、討論会はＫＢＳ（韓国放送協会）などの公営放送局で選挙期間中に三回以上行われることが義務付けられている。その討論会を乗り越え二〇〇三年二月に新大統領に就任した盧《ノ》武鉉《ムヒョン》氏は、就任に際して韓国社会における〈討論文化《トロンムンファ》〉の定着を目指すことを公言している。従来のように、政策決定段階において密室で一部の人間が政策に関わるのではなく、公衆の声を反映した公平な形で政治を行うという姿勢を〈討論文化〉と名づけてアピールしているのだが、ここにも韓国人のことば、そして「話す」という行為に対する積極的意識が反映されているだろう。

〈7〉謝罪の方略《ストラテジー》の日韓比較

●韓国人が日本人よりも謝るとき

交通事故の際、自分の立場を雄弁に主張する韓国人と、悪くもないのに「すみません」とあいさつする日本人。約束の時間に遅れた際、目上に言い訳をする韓国人と言い訳をしないで謝るだけの日本人。さらに後輩や同輩に何か頼まれたら率直に不満を言って断る韓国人と、遠回しに断ろうとする日本人。こう見ると、日本人と韓国人はまるで正反対の国民性を持っているようにも受け取れるが、ここには前述の「話すこと」そして自分の意見を表明することに対する両国の価値観の違いが反映されている。次に日韓の違いについてもう一歩踏み込んで考えるため、謝罪に関する対照研究を見てみよう。

任栄哲《イムヨンチョル》（二〇〇〇）は「自分が間違っていないのにもかかわらず、誰かに叱られたら、あなたはどう反応すると思いますか？」という質問を中心として、韓国と日本の大学生それぞれ517人と358人を対象にアンケート調査を行っている。表3は「誰か」に当たる相手を、大学の先生・父親・母親・見知らぬ六〇歳ぐらいの老人・見知らぬ二〇歳ぐらいの若者の五人に設定し、日韓の反応をまとめたものである。

表3　間違っていないのに叱られた時の反応（％）

相手＼国別＼方略	主張・抗議		謝罪		沈黙	
	日本	韓国	日本	韓国	日本	韓国
先生	65.5	53.2	9.4	9.8	22.6	35.3
父親	74.0	45.6	6.0	15.5	16.5	37.4
母親	80.0	52.8	4.1	13.6	13.3	31.1
見知らぬ老人	43.1	37.2	25.8	22.3	24.0	36.5
見知らぬ若者	58.7	77.6	13.0	4.8	21.4	13.2

自分は間違ってもいないのに、誰かに叱られるのは、決して気分の良いことではない。このような場合、自分の正しさを主張するなり、相手に抗議するというのは当然であろう。またこれまでに見てきたデータからすれば、韓国人の方が日本人より率直に自分の意見を述べると予測されるだろう。しかし、表3の主張・抗議の欄の数値を比べてみると、見知らぬ若者に対する反応以外の項目において、韓国人より日本人の方が主張・抗議の率が高くなっているのだ。自分の意見をはっきりと主張することを信念とするはずの韓国人が、一体どうしてしまったのだろう。

ここで、謝罪するケースを見てみよう。日本人と韓国人が先生に対して謝る率は、9・4％と9・8％と大きな差は見られない。さらに見知らぬ老人に対する反応も、若干日本人の方が謝る率が高いとはいえ、ほとんど違いは認められない。だが同じ目上でも、ウチ関係にある両親に対して、日本人は、韓国人の二分の一から三分の一しか謝罪をしていない。つまり韓国人は、たとえ相手が父親や母親といった身内でも、目上・年上の相手には謝る可能性が高いのだ。しかも興味深いことに、韓国人大学生では、先生に謝る率よりも両親に謝る率の方が上回っており、日本と逆の結果になっている。自分が間違っていないのに謝ってしまうというのは、日本人の言語行動に特徴的なようにも思える。しかし、相手が目上や年上であればあるほど、日本人よりも韓国人の方が、己の主張を捨てて謝罪する率が高いのだ。

さらに沈黙の率を見てみると、見知らぬ若者の項だけを例外として、全般的に韓国人の方が日本人より沈黙の割合が高いという結果が出ている。しかも韓国人は、目上に叱られた場合は、たとえ相手が身内であっても黙ってしまうケースが多く、特に相手が両親の場合は日本人の二倍以上が沈黙するという結果になっているのだ。

〈8〉沈黙の文化いろいろ

●沈黙の戦略的意味

目上の前では沈黙するという韓国人のこの結果は、一体何を表しているのだろう。韓国社会では老若男女を問わず自分の意見をはっきり表明することに価値が置かれていることは前述の通りだ。しかし、現実の韓国社会ではこれは聞き手が誰かによって変わる。つまり、韓国人は日本人に比べ積極的な伝達態度を取る傾向が一般的には強いものの、これは目上の前ではかなり制限される行為なのだ。

言語行動の研究を行う時、同一のテーマについて、「アンケート」を通じた意識調査を行う場合と、「自然発話」を分析する場合とでは、両者の結果にいくらかのギャップが生じる。奥山洋子（私信）によれば、日本人と韓国人を対象とした研究では、韓国人の調査結果により大きなギャップが生じるとのことである。つまり、韓国人の方が頭で考えた上での言語行動の規範認識と、実際の行動の差が大きいと言うことだ。そのため、先の表3の結果も実態調査では異なった結果が出る可能性も否めない。しかし、アンケート調査に反映された韓国人の規範意識においては、日常的にも目上・年上を意識した言語行動が取られることが多く、同じ発話行動も相手によって変化することが見て取れるだろう。

さらに同じ沈黙が取られる場合でも、沈黙の意味機能は日本と韓国という個々の社会・文化的コンテクスト、そしてまたそれぞれの発話コンテクストによって異なってくる。表3で韓国人が多く用いている沈黙は、目上に対しては口答えをしない、という儒教の礼儀をわきまえた結果と言えるだろう。つまり目上に対しては、言いたくても言えないがために沈黙せざるを得ない場合が多いのだ。日本人に比べると、ことばを武器とする点ではアメリカ人の言語行動に似ている韓国人も、相手によっては「沈黙」せざるを得ない。しかし同時に、これは口答えを許されない目上の相手に対し、沈黙を通して自分の正しさを暗に主張しようとする、一種の戦略と解釈できないこともないだろう。一方、日本人も沈黙することが多いのだが、その場合は以心伝心により、聞き手に自分の意図を察してもらおうという前提で沈黙を用いる場合もあるのではないだろうか。

この章では、依頼に対する断りと謝罪について具体的に日韓の比較を見てきた。一般に我々が日常的にコミュニケーションを行う際に用いる陳述、質問、命令、約束、依頼といった言語形式は「発話行為」(speech act) と呼ばれ、断りや謝罪もその中に含まれる。発話行為の研究はこれまで主に、日本語と英語の比較を中心に進められてきたが、近年では日本語と韓国語の対照研究も盛んに行われている。その中で、例えば同じ「沈黙」でも、その行為が持つ社会的価値が場面や状況、相手といった要素によって異なるように、発話行為の意味はそれがなされるコンテクストに応じてさまざまに変化することが理解されるようになってきた。率直で激しく自分の考えを述べる韓国人と、押し黙って目上の意見を聞く韓国人。言わずして相手にわかってもらおうとしつつも、場合によっては目上にもはっきりと抗議をする日本人。断り、謝罪といった発話行為も、単にその現象一つだけを見ていただけでは逆に誤解を招きかねず、韓国人や日本人の真の姿を理解できないことは言うまでもないだろう。

ちょっと勉強 3

日韓の自国語・外来語意識

日本人と韓国人は、自国語の現状や外来語の使用についてどう考えているのだろうか。日韓の自国語・外来語意識を比較してみよう。資料は一九九六年、日韓両国で、それぞれ三一七人、三九三人を対象に行われたアンケート調査の結果である。

▼標準語で話したいか

まず「標準語で話したいか」という項目をみると、日本人の場合、「標準語で話したくない」が52・9％で、「標準語で話したい」の21・8％を大きく上回っており、全体的に方言志向が強いことがわかる。

一方、韓国の場合「標準語で話したい」が45・5％、「標準語で話したくない」が35・1％で、日本とは全く逆の結果となっている。つまり、標準語志向意識がかなり強いことが窺えるのだ。ちなみに、方言よりも標準語を志向する割合は、日韓ともに男性よりも女性の方が高かった。社会的により威信のあることばを身につけようとする上昇志向は女性のほうが強いのかもしれない。

▼方言伝承意識

次に、「自分の方言を次世代に伝えたいか」という方言伝承意識について尋ねてみた。

「伝えたい」と答えた割合が日本68・5%、韓国35・9%で、日韓の間には倍近くの差がある。「伝えたくない」は日本4・1%、韓国16・3%である。

以上のことから、日本人の方が自分の方言を大切にし、次の世代へ伝えようとする意識が強いことがわかる。一方、韓国人の場合、方言はどちらかと言うとマイナスイメージで捉えられ、積極的に伝承していこうという意識が希薄である。

▼外来語の受容意識

日本と同様、韓国でも外来語の氾濫を憂慮する声が高まっている。そこで、「最近、日常会話や放送などで外来語が多く使われているが、このことについてどのように思うか」と尋ねてみた。

日本人の場合、外来語を「使ってもいい」と答えた割合は47・0%で、韓国の3・0%に比べて肯定的に捉える傾向が強い。さらに、「使ったらいけない」(日18・0%、韓46・0%)、「なるべく使わないようにしたい」(日35・0%、韓51・0%)と、日本人は外国語の使用にそれほど強い危機感を持っていないといえる。日本人と比べて、韓国人の反応はより否定的であるが、これは、韓国人が外来語を使うことにより異文化的発想、異民族的思考様式に染まることを恐れるためだと思われる。外来語の氾濫によって民族文化が損なわれるのではないかという懸念と、異文化や異民族への精神的な従属を厭う心性が、外来語への反発の根底に存在しているのであろう。

IV

社長様はいらっしゃいません

〈1〉「東方之礼儀之国」

●「孝」の精神

韓国にはいつも人や車が溢れている。特にソウルのような大都市ではマイカー通勤をする人がかなり多く、東京を上回る交通渋滞も日常茶飯事だ。とりわけ日本のお盆に相当する秋夕《チュソク》の時期は、毎年民族大移動の如く、故郷へ帰省する車で道路がぎっしりと埋まる。あまりの渋滞の激しさに、最近では「逆帰省」と称して親が子世代の住むソウルに上京するケースも多い。帰省、逆帰省のいずれの場合も、ひとたび渋滞に巻き込まれたら、目的地への到着時間については潔く諦めるしかない。そうした場合は、いつの間にかぬかりなく道路脇に店を出した露天商が売るジュースや焼き菓子を買い求め、気分を紛らわすのが一番である。しかし、いくら道路事情が芳しくなくても、休日や祝日になるとマイカー族が大都会を抜け出し、故郷や近郊の山や川へと家族ぐるみで出かけて行くのだ。

そんなある休日、筆者（任《イム》）の案内で大学院生たちと共に、ソウル近郊の山奥にある寺院を訪ねた時のことである。目的のお寺までは、山間の道をかなり歩かなくてはならない。途中、休憩のため一息入れていると、筆者（井出）

の横に、家族連れで来たと思われる幼稚園くらいの姉妹が仲良く腰掛けた。たまたま食べていたスナック菓子を二人に差し出すと、上の子だと思われる五歳くらいの女の子が、恥ずかしそうに〈감사합니다《カムサハムニダ》〉（ありがとう）と言い、少し腰をかがめて手を差し出した。その時、その女の子は差し出した腕のひ

露天商

両手での受け取り

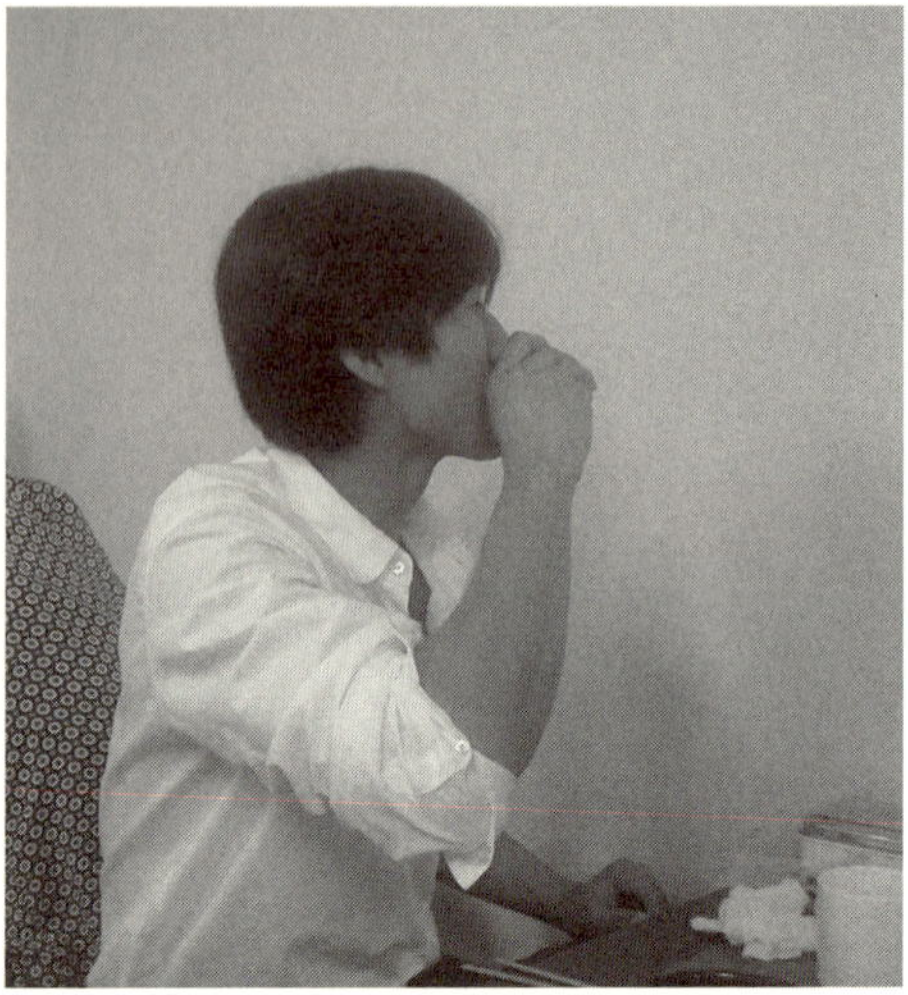

腸捻転飲み

じの当たりにもう片方の手を添えて、両手で丁寧にお菓子を受け取ったのだが、たった四、五歳と思われる小さな子どもが、すでに韓国式の礼儀を身につけている姿に日本人としていたく感動させられた。

韓国の作法や礼儀には日本と異なる点がいろいろあるが、対人関係上最も気を遣うのは、目上の面前での振る舞いであろう。この幼児が行ったように、韓国では目上から何か受け取ったり、目上に何か渡したりする場合は、片手だけを使うことは失礼に当たるため必ず両手を使う。テーブルの端向かいなどにいて両手が届かない時は、伸ばした腕のひじあたりや付け根あたりにもう片方の手を添えて、あくまでも両手を使っているという姿勢を示す。食事の時は、年長者が箸を取るまでは年少者は箸を取ってはいけないし、乾杯の場面などでは、目上の面前で酒を飲むことへの憚《はばか》りから、身体を横や斜め後ろに捻《ひね》り、あくまでも慎みの態度を示しつつ酒を飲む。この飲み方は俗に〈腸捻転飲み〉と呼ばれているのだが、両隣に上司が座っている場合などはどちらを向けばいいのかわからず、ずいぶんと気を遣う酒の飲み方である。職場や学校でも年長者が来れば、座っていたものは飛び上がらんばかりに起立し、吸いかけのたばこを慌てて消す。また携帯電話で友達と話していたなら話をいったん中断し、両手をきちんと前に組んで一礼する。一昔前までは帽子はもちろんかけていた眼鏡も外したという。最近はX世代と呼ばれる若者を中心に、こうした伝統が薄れてきたと嘆かれているとは言え、儒教の教えに基づく「孝」の精神は、日本に比べればまだまだ遥かに尊重されており、まさしく「東方之礼儀之国」の名に恥じない国なのだ。

〈2〉絶対敬語と相対敬語

●日韓スピーチレベルの違い

このような非言語行動に現れる目上への接し方は、無論ことばの使い方にも通じているのだが、それが日韓のことばと文化の違いについて論じる上で無視できない「絶対敬語」と「相対敬語」の概念である。これは、韓国語の敬語が年齢や上下関係といった絶対的要因を基準にその使い分けが決まるのに対し、日本語のそれは上下関係ももちろん影響するが、それよりもむしろ親疎やウチ・ソト関係といった相対的要因を基準とするという考え方である。

日本語と韓国語の敬語の体系にはいわゆる尊敬語、謙譲語、美化語などにおいて様々な違いがあるが、ここでは大まかに談話上の丁寧度を表すスピーチレベルの違いを紹介したい。表1は徐《ソ》正《ジョン》洙《ス》（一九九六）に手を加えたものであるが、ここにあるように、韓国語のスピーチレベルは日本語のそれよりも少々複雑な体系をとっている。

まず日本語も韓国語も、スピーチレベルが敬語レベルのもの（敬体／敬意体）と普通レベルのもの（常体／非敬意体）の二つに分けられる点で共通し

表１　日本語と韓国語のスピーチレベル

日本語		韓国語		
敬体	です・ます体	敬意体	格式	합니다《ハムニダ》体
			非格式	해《へ》요《ヨ》体
常体	だ・である体	非敬意体	한다《ハンダ》体 해《へ》体（半語《パンマル》）	

ている。しかし敬体レベルを見ると、日本語で「本です」、「行きます」と言う時の「です・ます体」は、韓国語では〈합니다《ハムニダ》体〉と〈해《へ》요《ヨ》体〉の二つにさらに分けられており、前者の方がより丁寧度が高くなる。ちなみに日本語には助動詞の「です・ます」よりもさらに丁寧な、特別丁寧体の「ございます」があるが、これは文法的には補助動詞となる。韓国語ではこのような補助動詞は存在しないので、〈합니다《ハムニダ》〉体で代用される。さらに日本語の常体が一つであるのに対し、韓国語では常体も〈한다《ハンダ》体〉と〈해《へ》体〉の二つに分割される。一般に日本語と韓国語を比べると、日本語は話者が自分やウチの人間の立場を下げるへりくだりの謙譲表現が発達していると言われるが、韓国語では相手への敬意を示す敬意体がより発展しており、スピーチレベルがより細かく分けられるのだ。

●絶対敬語と相対敬語

ここで韓国語の絶対敬語の使われ方について具体的に見てみよう。例えば韓国の小学校では、生徒は目上にあたる先生に必ず敬意体を用いて話す。たとえ先生が大学を出たての若い先生でも、またいくら先生と生徒が親しかっ

たとしても、日本のように生徒が「先生、一緒に遊ぼう!」〈*선생님《ソンセンニム》 같이《カッチ》 놀아《ノラ》!〉などと言うことは決して許されず、〈一緒に遊びましょう〉となる(*は非文法的な文を表す)。

また韓国の家庭では、子どもは基本的に親に対して敬意体で話すべきとされている。しかし最近では、家庭内で特に母親には〈半語《パンマル》〉と呼ばれる敬意度の低いことばで話す子どもが増えてきている。半語《パンマル》とは、文字通り「半分の言葉」の意味で、きちんとしていないぞんざいなことば遣いのことを指すが、表1では「非敬意体」の〈해《ヘ》体〉がそれに当たる。基本的に半語《パンマル》はごく親しい者同士で日常的に使われるスピーチレベルだが、家庭内では母親に半語《パンマル》を使って甘えや親しみの気持ちを表現していると言えよう。しかしこれは普通子どもが独立するまでで、成人した子が親に半語《パンマル》で話すようなことは一般的に許されていない。これに対し、もしも日本の一般家庭の日常生活で親子が「です・ます調」で話していたら、なんともよそよそしい雰囲気になるだろう。日本の家庭では子どもは親にたいがい常体を使い、面と向かって敬体で話すのはせいぜい改まった席くらいで、新年の挨拶や結婚に際しての挨拶などがその典型例であろう。特に子どもが成人し、親が年を取って世

代交代が起こると、子どもが親に「おじいちゃん、これ食べてみたらどう？おいしいよ」などと常体を使い、さらには年を取った親が我が子に敬体を使う場面も時として見受けられる。しかし、これは韓国では絶対にありえない光景である。韓国ではたとえ親が九〇歳になり、すっかり子どもの世話になっていたとしても、親は子どもに非敬意体を使い、子は親に敬意体を使ってこそ「親子」なのだ。

さらに韓国では、それほど年の離れていない兄弟の間では半語《パンマル》で会話がされるが、年が六つも七つも離れているようであれば半語《パンマル》は使わない。また兄が結婚する年齢に達したら、弟は兄への待遇度を上げて敬意体に改めるのが一般的だ。姉妹の場合は特に目立った変化はないというが、姉弟の場合は、お嫁に行った姉に弟が敬意体で話すという。かつての日本もこのような敬語の使われ方がされていたのだが、現在の敬語の使い方を比べる限りでは、韓国の敬語の方に、より上下関係を重視した儒教の伝統が色濃く反映されていると言えるだろう。

こうした違いから韓国語は絶対敬語、日本語は相対敬語と呼ばれているのだが、この傾向はソトの人間が絡んでくる場面でも変わらない。例え

ば、韓国で先生の家に電話をし、電話口に出たお子さんに〈○○교수님《キョスニム》계십니까《ケシムニカ》?〉（○○先生はおられますか）などと問えば、返事は〈안《アン》계시는데요《ケシヌンデヨ》〉（いらっしゃいませんが）と敬意体で返ってくるのが普通である。また会社でも、社外の人から電話がかかってきた際、社員は〈사장님은《サジャンニムン》안《アン》 계십니다《ケシムニダ》〉（社長様はいらっしゃいませんが）と、自社の社長を敬称で呼び、敬意体を持って待遇する。日本ではウチ関係にあたる自社の社長は対外的には謙譲語で扱うため、上のような発話をすれば、敬語を使えない未熟な人間とみなされて当然だろう。しかし、韓国ではたとえソトの関係にある相手の前でも、目上について語るなら、身内であれ何であれ、敬意体をもって遇するのが礼儀なのだ。

〈3〉韓国人の親しみの表し方

●率直な発言

韓国では目上に対して使える言語形式が絶対的に決まっているだけでなく、前述のように様々な行動も慎まなくてはならない。この点だけを見ていると、韓国社会は常に年齢や社会的地位を軸とした上下関係ばかりに気を遣う堅苦しい社会であるようにも思える。そのためもあってか、韓国では学校や会社の合宿や慰労会などで、余興の一つとして〈야자타임《ヤジャタイム》〉というものを設けることがある。〈야자《ヤジャ》〉とは〈～야《ヤ》〉(～だ)、〈～자《ジャ》〉(～しよう)というぞんざい言葉に典型的な文末表現から来る表現なのだが、この〈야자《ヤジャ》〉時間が始まると、10分間なら10分と決められた間だけは、年上の相手とも半語《パンマル》で話さなければならない。普段は敬意体でしか話したことのない先輩や先生、そして上司と「タメ口」をきく絶好のチャンスなのだが、これはあくまでも全体の雰囲気を和らげるためのものであり、いくら親睦のためとはいえ、時間が来れば元通り敬意体を使って話さなくてはならなくなる。こうした敬語レベル上の規制がある中、では目上の人に親しみを表したい場合は、どのようにすればよいのだろう。

まず第Ⅲ章でも述べたように、韓国社会では自分の考えをはっきりと伝えることにプラスの価値が置かれている。そのため、韓国人は日本人に比べ、たとえ相手が目上でも、実にオープンに自分の感想や感情をことばにする。実際、韓国では学生が先生に、〈先生、今日は疲れて見えます〉とか〈顔色が悪いですよ〉などと正面切って言うことも珍しくない。これが日本だったら、目上に対するこのような発言は、相手の領域に侵入することになり、少なからず失礼な行為とも取られかねない。しかし、韓国では上下関係にそれほど大きな差でもない限り、こうした率直な発言は必ずしも失礼にはならず、むしろ相手への積極的関心が親しみを表すことにつながるのだ。

●大切なスキンシップ

さらにもう一つ顕著な行動として、韓国人のスキンシップが挙げられる。韓国社会では女性でも男性でも、出会いや別れのあいさつ、そして会話の最中に、互いに手を取り相手の腕に触れ、さらには肩に手を回すなどと、日本人に比べかなり頻繁に相手の身体に触れるスキンシップを行う。日本でも小中学生が仲の良い友達と手をつないだり、恋人同士が手をつなぐ姿はよく見

仲良しの証

られる。また、たとえ年齢差があっても、上司が部下の肩を軽く叩いたり、先生が学生の頭を撫でるということもある。しかし、韓国は日本に比べ、個人間の密接度や親密度がより日常的に高いのだ。例えば日本では、父親とその中学生の息子とが公の場で手をつなぐような姿はあまり見かけられない。しかし、韓国ではこうした光景が人々の好奇の眼差しを集めることもないし、父親が愛情表現として息子の頭を撫でるのとそう変わらない行為である。さらに酒の席などのインフォーマルな場になると、男性同士が肩を抱き合ったり、あぐらをかいて座る相手の太腿あたりに手を置いて撫でたりさすったりもする。一瞬とはいえ、日本人がギョッとさせられる光景がここそこで見られるのだが、韓国人にとってこうしたスキンシップは大切なコミュニケーションの方法なのだ。

　筆者（井出）がかつてアメリカ人の友人に、日本ではハグ（抱擁）の習慣がなく、自分も物心つ

いてから親をハグした記憶がないと言ったら、目を丸くして驚かれたことがあった。日本人にとって、たとえ相手が家族のような身近な存在でも、ハグやましてやあいさつのキスなどなかなかできるものではない。だからと言って全くスキンシップがないわけではなく、特に親子では、蒲団を並べて寝ることや、一緒に風呂に入るなどの空間共有を通じて、間接的スキンシップが取られる。また直接肌に触れる形では、「肩叩き」などがあるだろう。韓国でも肩叩きはされるのだが、テレビドラマなどを見ていると、足を投げ出して座る親の傍らで、子どもがしきりに親の腕や足を揉《も》みさするシーンによく出くわす。〈주무르기《ジュムルギ》〉と呼ばれるこの行為は、相手の腕や足を上から下までまんべんなく揉みほぐすため、肩叩きや肩揉みよりさらに密接度が高い行為なのだが、韓国社会では家族や親子の親密さを表現し確認する手段として、こうしたスキンシップが日常レベルで非常に効果的に取られているのだ。

　さらに日本では見られない非言語行動の一例になるが、韓国の西洋式ウエディングホールでの結婚式では、新郎新婦の入場前に、両家の母親が美しいチマチョゴリに身を包み入場する。その時、二人で手をつないで入場するケースが非常に多く、一つの形式として確立されているようでもある。こうしたところにも韓国人が、言語だけでなく非言語行動においても、親しみや友好を積極的に表現する習慣が反映されている。しかし韓国人はただ漠然と、そしてむやみにスキンシップをしているのではなく、その中にもちょっとしたルールがあるようなのだ。

〈4〉スキンシップの法則

●目上がとるイニシアチブ

筆者（井出）の勤めていた中央《チュンアン》大《デ》学校《ハッキョ》でいつかこんなことがあった。二か月間の夏休みが明けて、後期の授業が始まろうというある日、同僚の盧《ノ》先生（女性）と廊下を歩いていた時のことである。向こうから日語日文学科（日本語日本文学科）の学生たちが二人歩いて来て、私たちの姿を見つけると嬉しそうに駆け寄ってきた。彼女たちは前の学期に担当した授業を通して親しくなっていたこともあり、井出もニコニコと微笑んで声を掛けたのだが、学生たちを目の前にして何かしっくりこないものを肌に感じた。学生たちは、嬉しそうにしてはいるのだが、同時に何だか落ち着かない素振りを見せているように感じたのだ。「これはなんだろう？」と不思議に思ったその瞬間、横にいた盧《ノ》先生がサッと手を伸ばして彼女たちのひじの辺りを掴み、軽く引き寄せるようにしたのだ。その途端に学生たちは、まるで待ちわびていたかのように盧《ノ》先生に抱きつき、ハグをしながら嬉々として再会の喜びを分かち合い始めたのだ。

当時、同僚の盧《ノ》先生と井出は共に比較的若い世代の女性教員であったこと

から、学科内では学生と比較的近い関係にある「언니《オンニ》（姉さん）」のようなところがあった。こうしたことからも個人的に親しい学生もいたのだが、盧《ノ》先生に抱きついた学生たちを目の当たりにした時は少なからず驚いた。先生と学生とが廊下で抱き合って喜びを表現することは、日本の大学はおろか、日常的にハグが行われるアメリカ社会でも珍しいと思われたからである。こうしたケースは実際韓国でも珍しいのかもしれないが、その後注意して見ていると、年齢差や社会的地位においてギャップがある女性同士では、上の立場の人が下の人の腕や手に触れるなどして、スキンシップのきっかけを作っていることが多々あるようである。ことばの上では絶対敬語というはっきりとした上下の区分があっても、目上がまずイニシアチブを取ってスキンシップを行うことにより、上下関係の中にも親しみを表現しうるのだ。女性同士の場合、初めから親しい仲ならば、目下が率先して目上に腕をからめて来るということもしばしば行われる。しかし、上の立場の人が気を回して下の人にスキンシップを取ってこそ、たとえ絶対的に敬語を使わなくてはいけない相手でも親しさが確認されるのだ。

●握手も重要なスキンシップ

女性同士のスキンシップについて少し述べてきたが、男性では「握手」という形でのスキンシップがより顕著のようだ。生越（一九九五）によると、韓国人は日本人に比べ、出会いや別れの際によく握手をする。握手は一説によると一九四五年の開放以降広まったそうだが、韓国では昔から遠方の知人や客を迎える際、歓迎の意を表して両手でしっかり相手の手を握る習慣があったことから、元々握手が広まりやすい土壌があったようである。こうした握手をする時でも、基本的には目上が先に手を差し出し、それに応える形で目下が目上の手を握る。つまり、目上が先に握手のきっかけを作る点において、先の女性同士のスキンシップと同じ原理が働いていると言えるだろう。さらに握手の最中は、目下は腰を少し低めにかがめ、もう片方の手を添えるなりして両手で相手の握手を受け止める。これに対し目上は、腰はかがめずあくまでも直立の姿勢を保ちながら、もう片方の手で相手の腕に触れたり手の甲を軽く撫でたり叩いたりすることがよくある。こうすることにより、相手への親しみの気持ちが表現されるのだ。

筆者（井出）がこの握手で驚かされたのが、着任した中央《チュンアン》大《デ》学校《ハッキョ》の全学教

キャンパスの男子学生

男性同士の手つなぎ

員会議に出席した時のことである。会議とはいっても、大学の大講堂に全教員を集め、総長をはじめとして学長や幹部の面々が、スピーチや年次報告を行う一大イベントのようなものだった。一時間ほどの会議の終了後、講堂を出ようと出口に向かうと、出口のところに大学の総長と学長が立ち、講堂を出る教員の一人一人と握手を交わしているではないか。大きな講堂が満席になるほどだったので、握手をする教員の数も半端ではないのだが、笑顔でしっかりと一人一人の手を握る姿に、スキンシップを通じた大学の連帯感作りを目にする思いだった。

ここまで見てきたように、絶対敬語が使われる韓国では、ことば遣いの上で、常に年齢や社会的地位を軸とした上下関係が意識される。しかしこうした上下関係が存在しても、韓国ではスキンシップを効果的に利用した上で、親しさを表現することが可能なのだ。こうした韓国人と比べると、日本人は上下関係のある相手とは、それほどスキンシップを取っているように思えない。二〇〇二年サッカーワールドカップでの日本チームの快進撃をきっかけに、日本でも特に若者たちを中心に、喜びや楽しいひと時を分かち合うジェスチャーとしてのハグが随分見られるようになってきた。またハグということば自体、ここ数年の間に日本社会でずいぶんと定着してきた感がある。しかしながら韓国人と比べると、日本人はやはりあまりスキンシップの習慣がないように思える。では、日本人はコミュニケーション上、どのように相手、それも目上の相手に親しみを表現しているのだろうか。

〈5〉「先生、きれい！」

●スタイル・シフト

春先のある日のことである。筆者（井出）が勤務先の校内の階段を上っていると、上から知人の英文学科の先生が降りて来た。その先生は、初春の花を思わせる淡いピンクのスーツを着ておられ、流行りのモノトーンファッションの学生が多い中、ひときわ華やかに見える。踊り場付近ですれ違いざまに、思わず〈와《ワ》！　교수님《キョスニム》　예쁘다《イエップダ》！〉（ワー！　先生、きれい！）と声をかけると、先生はちょっと困惑したような表情を浮かべ、〈감사합니다《カムサハムニダ》〉とまじめな口調で言い、深々とお辞儀をして行ってしまわれた。

どうも腑に落ちない反応だったので、後日この出来事について日本語学科の院生たちに解説を求めたところ、こんな答えが返ってきた。まず、地位も年齢も上である先生に対し、〈예쁘다《イエップダ》〉（きれい）という表現を使うという点が問題だという指摘があった。また相手は地位も年齢も上なのだから、敬意を表す表現を使うべきだ、というのが共通した意見だった。つまり、〈예쁘다《イエップダ》〉「きれい」のような、相手への敬意を含まない非敬意体を用いるよりは〈예쁘네요《イエップネヨ》〉「きれいですね」なり、〈예쁘시네요《イエップシネヨ》〉「おきれいですね」

なりといった、相手に何らかの敬意を表す敬意体を使って話すべきだったのだ。

　確かに目上の相手に敬意体を使わなかった井出は、先生の目には生意気で礼儀知らずに映ったのかもしれない。しかし、この先生とは年齢もそれほど離れてはおらず、また韓国の生活に慣れていない井出を気遣ってくださり、個人的に親しみを感じていた相手だったのだ。そのため井出としては、「敬語／敬意体」で接すべき相手との談話中に、一瞬とはいえ、「常体／非敬意体」を織り混ぜることにより、相手との心的距離を縮める効果を期待していたのだ。つまり先生への親しみの気持ちを、スピーチレベルの変化によるスタイル・シフトを用いてインデックス（指標）したつもりだったのだ。

　ここで言うスタイル・シフトのスタイルとは、個人が場面や相手などの発話の状況によって使い分ける、話しことばや書きことばの変種を指す。そして発話の場面や相手、心理状況などにより、あるスタイルを別のスタイルに移行させることをスタイル・シフトと呼ぶ。これが日本であれば、目下が普段は敬語で話す目上の人に親しみをこめて「先生、きれい！」と言ってもそれほど不思議ではないだろう。しかし、いかに韓国語が日本語と似た敬語の形式を持つとはいえ、日本で行う敬体から常体へのスタイル・シフトをそのまま使ったことに、ちょっとした不具合が生じてしまったのだ。

井出のこの行動にも表れているように、日本語の談話では、同一の相手や一つの談話内で常体と敬体とを混合させたスタイル・シフトがよく使われる。日本語の敬体や常体といったスピーチレベルは、上下関係だけでなく、ウチ・ソトの区別や場面の改まりの度合いによっても使い分けられるが、鈴木（一九九七）にも指摘されているように、普段常体で話している人とでも、場面が改まれば敬体にスイッチし、初対面で敬体を使っていた相手に次回からは常体を織り交ぜるなど、スタイル・シフトを行いながら円滑なコミュニケーションが行われる。

●書きことばのスタイル・シフト

一つの談話における常体と敬体のスタイル・シフトは、話しことばの世界だけでなく書きことばにおいても見られる。「手紙」というコミュニケーション形態を例にとってみよう。日本社会における手紙は、慣習的にかなり形式化された側面を持ち、改まりの形式として認識されることが多い。特に社会人は、親しい相手に対しても敬体を使って手紙を書くのが一般的だろう。しかし、こうした手紙の文面のところどころで、敬体から常体へのスタイル・シフトが見られることがある。

次は、筆者（井出）が留学時代に日本の友達から受け取った手紙からの引用である。

「元気ですか？ 日本は二月に入ってから急に冷え込みが激しくなって、先日は関東地方大雪のせいで大混乱になりました。おまけにその翌日の朝方に震度五の大地震があり、大変でした。筑波は震度三・五ぐらいで、これといった混乱はなかったけどね。」

ここでは「元気ですか」という形式的な書き出しに始まり、敬体の文が三つ続いた後、突如、傍線に示されたような常体文が出現する。このスタイル・シフトが起こる箇所の内容を見てみると、日本の様子が報告された後、友人と井出が知る共通の場所（筑波）について様子を伝えるところに来て、突然「ですます調」の敬体がコロッと抜け落ちている。友達は、「これといった混乱はなかったですけどね」と、敬体を維持した書き方をすることもできただろうが、この書き方は少し突き放した冷たい書き方にも受け止められる。逆に、敬体から常体へのシフトは、日本の時事ニュースをソト情報とし、ローカルなニュースをウチ情報として伝える上で、効果的に機能している。また言語形式を落とすスタイル・シフトをして書かれたこの一文は、読んでいて、相手の気持ちが心に染み込むような暖かさも感じさせてくれるだろう。

〈6〉韓国語のスタイル・シフト

◎第一制約としての上下関係

このように日本語の手紙文では、敬体と常体のスタイル・シフトが、書き手と読み手の心的距離の調節に一役買っている。では韓国語の手紙にこうしたスタイル・シフトは見られるだろうか。

ある韓国人女性Sさんは、日本で四年ほど働いた経験もあり、ネイティブ並みの日本語力を持つ。しかし二十代後半の頃、仲のよい日本人の友人に手紙を出したところ、「あれほど面白い手紙は読んだことなかったよ」と後日からかわれてしまったという。その手紙は次のように、全て非敬意体で書かれたものだった。

「○○ちゃん、元気？ 久しぶり。ソウルはもう雪が降ったけど、そっちはどう？」

韓国では相手が親しい同年代の人ならば、半語《パンマル》を用いて会話をするのが普通である。これは手紙の時も同様で、親しい友達を相手に、たとえひと言であっても敬意体を使うことは、何か隠し事をしているような違和感や、読み手を突き放すような距離感を与えるそうだ。しかし韓国語の規範に則って、全て半語《パンマル》で書かれたSさんの手紙は、逆に日本人の友達にはあまりにも子どもっぽく映ってしまったらしい。

このように、韓国では相手が自分と同年齢の親しい間柄の場合は、あくまでも半語《パンマル》が使われ、敬体へのスタイル・シフトがされることはない。その一方で、日本ではたとえ相手が同年齢であっても、手紙という形式や場面によっては常体と敬体のスタイル・シフトをするほうがより適切になることがある。このように書いてくると、韓国語は上下関係だけがスピーチレベルに制約を与えているようにも思えるが、では親疎関係はスピーチレベルに何の影響も与えていないのだろうか。相手がいくら同年齢で、社会的な上下関係がなかったとしても、はたして初めて会った人にでも韓国人は半語《パンマル》で話しているのだろうか。それを調査したのが次の研究である。

●親疎関係の影響

金珍娥《キムジンア》（二〇〇二）は、日韓両言語における初対面の相手との自然会話を

表2　日韓の初対面の談話ストラテジー

	年齢差がある場合	年齢差がない場合
日本人	互いに敬体を維持 （常体回避）	敬体は使わず述部を避ける （敬語回避）
韓国人	目上は非敬意体を使用 目下は敬意体を使用	互いに敬意体を使用 （非敬意体回避）

材料に、会話の相手によってスピーチレベルがどのように変化するかを分析している。被験者は、日本人と韓国人それぞれ7名ずつの大学生で、それぞれ一人をベースとし、6名の初対面の相手と15分間自由に会話をしている。表2は最初の5分間の会話に見られた日韓の違いを、相手と年齢差があるかないかにより大まかにまとめたものである。

この表によると、日本人は相手と年齢差がある場合、互いに初対面ということと場の改まりに配慮して、互いに敬語を用いている。しかしながら、韓国人は上下関係をはっきりとさせる話し方をしており、絶対敬語の傾向が見られる。では、年齢差がない場合はどうであろうか。たとえ初対面でも、相手が同じ年齢だと分かっている場合、日本人は談話ストラテジーとして敬語を回避した話し方を用いている。ここでは「述部を避ける」とあるが、日本語では改まり度の高い敬語を回避するストラテジーとして、述部のない発話が韓国語に比べ二倍以上の割合で出現している。前述の「先生、きれい！」という発言も、「きれいです」といった発話の述部を避けた言い方だが、敬体や常体を区別する述部をあえて回避する発言を行うことにより、気軽な雰囲気を演出しているのだ。これに対し韓国人では、同じ年齢の相手であっても初対面の相手とは互いに敬意体を用いる傾向が見られる。先の手紙の例とは違う結果になっているのだが、手紙は親しい友達に書かれたものであるのに対し、この実験は初対面の疎い関係の相手が対象である。このことから、韓国でも上下のみならず親疎関係も、そのことば遣いに少なからず影響を与えていることが分かるだろう。

また金《キム》は、韓国語で述部のない発話が一度現れても、すぐ敬意体あるいは非敬意体、つまりもとのスピーチレベルへ戻る傾向があることを指摘しており、スタイル・シフトの傾向には日本と韓国で多少の違いがあることを示唆している。このように絶対敬語、相対敬語とひと口に言っても、相手との上下・親疎関係、場の改まり具合などを含むスピーチイベントの性質によってスピーチレベルは変化するのだが、このことについては第VI章で、呼称を題材にさらに詳細に考えることにしたい。

〈7〉《テレビは愛を乗せて》

〈クンチョル〉

韓国人のスキンシップについて話を戻そう。韓国の人気番組の一つ、《テレビは愛を乗せて》の中でのことである。この番組は依頼人の生き別れた肉親や、かつて世話になった人を探し出し、再会させる企画ものなのだが、その日のゲストの若手男性ミュージシャンは、小学生の時に担任だった女の先生との再会を果たすため番組に出演していた。男女二人の司会者がそのゲストの男性に恩師の思い出を尋ねる間、当時家が貧しくて給食費もろくに払えなかった彼の家族を、先生がいつも気に掛け、学校帰りにさりげなく立ち寄っては食べ物を届けてくれたエピソードが再現シーンとして紹介されていた。番組はいよいよクライマックスに入り、恩師との十数年ぶりの再会の瞬間となった。感動的な音楽が流れて扉が開くと、そこには既に中年となった懐かしい恩師が立っていた。それを見たゲストの男性はすぐさま恩師の元へ駆け寄ると、顔をくしゃくしゃにさせて先生と抱き合った。先生も天を仰ぐようにして涙を流したのだが、次の瞬間彼は、突如としてその場に倒れるようにして座り込むと、大きく床にひれ伏して深い深いお辞儀をした。その様

女性　クンチョル　男性

子を先生は直立の姿勢のまま見守っていたのだが、彼が立ち上がると再び彼を抱き寄せた。二人が声を上げて泣く間、会場の聴衆はもちろんのこと二人の司会者も思わず目頭を押さえていた。

　こうした再会の場面は国や文化を超えて感動を呼ぶものだが、特にこの場合は依頼人のミュージシャンが〈큰절《クンチョル》〉と呼ばれる大きなお辞儀をした姿が、韓国人の心の琴線を激しく揺さぶったようだった。韓国語でお辞儀のことを〈절《チョル》〉と言うが、旧正月の名節に行われる〈歳拝《セベ》〉に代表されるように、そのやり方にはさまざまな作法がある。お辞儀の中でも、目下から目上に捧げられる最も丁寧で正式なお辞儀が〈큰절《クンチョル》〉なのだが、そのやり方は男女によって異なる。男性の場合は両手を開いて手の甲を胸のあたりにもってきて、お辞儀をしながら正座する。さらに完全に頭部が床に着くまでお辞儀をしてから静かに立つ。一方、女性の場合は片膝をついた形でゆっくりとお辞儀をする。

〈큰절《クンチョル》〉は婚礼時に両親や親戚へ、また謝恩会で恩師へ、などと人生の大切な節目に世話になった目上に対して行われるのだが、生越（一九九五）はそれがあいさつことばを伴わない点を指摘している。つまりお辞儀の形での

あいさつとことばによるあいさつが別々に行われるのだ。また〈큰절《クンチョル》〉をされる方も、特にお辞儀やことばを返さずに黙って相手のお辞儀を受ける。第Ⅰ章のあいさつの項目にも、韓国のお礼の仕方は「一回完結型」であると書いたが、〈큰절《クンチョル》〉もまさにその例であり、むやみにことばを重ねることよりも価値の置かれる気持ちの伝え方なのだ。

〈8〉揺れることばの使い方

●傾向としての「孝」、傾向としての「忠」

本章では、相対敬語と絶対敬語の概念とともに、親しみの表現方法についてスキンシップとスタイル・シフトを例に挙げて論じてきた。相対敬語と絶対敬語の概念は、日本語と韓国語との違いを特徴づけるものではあるが、その違いは現実には白黒はっきりと境界線が引けるものではなく、むしろ「絶対寄り・相対寄り」とも言える、あくまでも「傾向」としての違いである。

時代劇の台詞にも見て取れるように、日本もその歴史を振り返れば江戸時代の武家社会の頃は、親にも敬語を使う絶対敬語の世の中だった。しかし同じ武家社会でも、通史的には徐々に主君に対する忠誠心としての「忠」が重んじられるようになり、同じ目上であっても親よりも主君を大切にするという美徳がもてはやされるように社会が変化していった。そのため日本社会では、「親の死に目より主君への忠誠を優先する」ことが現在でもよしとされる風潮があり、仕事を優先させて親の死に目に会えなかったという話は今でも美談になりうる。

しかし朱子学の影響から親や先祖への「孝」が最重要視される韓国社会で

は、そのような行いはもってのほかどころか、不届き者とみなされるのがおちだ。豊臣秀吉の朝鮮侵攻の時、朝鮮側の司令官は親の危篤や死亡の際は郷里に戻り喪に服したというが、これも孝行が国への忠誠より優先したからである（杉山他 一九九〇）。義理人情を軸とした「忠」の概念と、親への絶対的「孝」の概念は、韓国と日本とで共有される部分も多いのだが、それでも卒業旅行やハネムーンと同じような感覚で、親孝行を目的とした〈孝道観光《ヒョドカンクァン》〉が行われ、さらに〈世界孝道文化本部〉なる社団法人が存在する韓国を見ると、やはり絶対敬語寄りと言わざるをえないのだろう。

さて、そんな日本と韓国社会の現在の敬語使用はどのように変化しているのだろう。前述のように、韓国では家族に対し非敬意体を使う若者が増えてきているのだが、逆に相対敬語と言われる日本社会でも、ウチ・ソトによることばの使い分けが必ずしも守られなくなり、ソトの人間に対して、父親のことを「お父さん」、母親のことを「お母さん」と呼ぶことも最近では珍しくなくなってきた。また二〇〇一年の韓国映画で、日本でも二〇〇三年の上映が好評を博した『猟奇的な彼女』では、目上相手に堂々と半語《パンマル》を使う女子大生が主人公だった。相手が異性であろうと目上であろうと、年上の相手に半語《パンマル》でタンカを切るヒロインの姿に韓国社会の変化を感じた人も多いだろう。しかし同時に、ヒロインに振り回される一つ年上の男子大学生が、年下の彼女に半語《パンマル》を使われることにずっとこだわり続ける姿が面白おかしく描かれるところに、依然として絶対敬語寄りの韓国が反映されているとも言えるだろう。ことばは社会を映す鏡だが、今後韓国と日本の敬語にはどのような社会の変化が映し出されるのか、注意していきたいところである。

ちょっと勉強 4

日韓の敬語意識の違い

敬語は日本語、韓国語の重要な特色の一つとされ、その使い分けの難しさや混乱などが指摘されて久しい。

さて、このように難しいとされている敬語を日本人と韓国人はどのように習得していくのか。また敬語使用のあり方は今後どのようなものになっていくのか。ここでは日韓の敬語意識について考えてみることにする。

日本の資料は国立国語研究所（一九八二）を、韓国は任《イム》（一九九三）を使用する。

▼育った家庭の敬語環境

一般的に言語習得に関しては、家庭の言語環境が重要な役割を果たすと言われるが、敬語の習得においても家庭の言語（敬語）的な環境が重要な影響を及ぼすと言えよう。

そこで、「子どもの頃からの家庭環境や躾《しつけ》のうち、特に敬語の環境がどのようなものであったか」を韓国人と日本人に尋ねてみた。

日本人の結果を見ると、「ことば遣いに厳格な人がいて、ことば遣いを注意されたり、直されたりした」(22・3%)、「仕事の関係で、家族が客などに敬語を使う場面をふだん身近に見て育った」(15・2%)の順になっている。

一方、韓国人の場合は、「仕事の関係で、家族が客など…」(45・2%)をトップに、「ことば遣いに厳格な人…」(28・3%)、「家族同士でも敬語を使う場合があるような家庭だった」(15・1%)の順になっていて両国の間にはかなりの差があることが認められる。

つまり、日本人は年長者などによって敬語が躾《しつ》けられていくのに対し、韓国人は、敬語を使う場面を身近に見て習得した人々が多いことが窺える。

▼敬語を増やすべきか減らすべきか

「敬語を使うと、どうしても話が長くなりがちであるが、世の中はこれからますます忙しくなっていくと思われる。そこで敬語の使用は今後どうあるべきだと思うか」という質問を行った。

日本人の場合は、「減らした方がいい」という意見が27・8%で最も多く、「今のままでいい」は19・8%である。これに対して、韓国の場合は「今のままでいい」が61・8%を占めて一番高い。そして、「減らした方がいい」が9・0%である。

つまり、敬語に関しては、日本人は簡略化を志向しているのに対して、韓国人は現状維持派が最も多いのである。なお、学歴別では低学歴者、階層帰属意識別では下流階層ほど、敬語使用の量を減らしたほうがいいとしている。が、これは敬語の習得や運用能力の難しさなどが反映されている結果であるといえよう。

V
お膳の足が折れるまで

〈1〉 教壇の缶ジュース

●文化ごとの適切性のルール

世界のいろいろな国の名所や遺跡などを訪れると、異国を訪れた実感がわくものだが、同時にその国の大学のキャンパスを訪れると、世界中あまり変わらない学生の姿に安心感を憶《おぼ》えるということはないだろうか。韓国の大学のキャンパス風景も日本のそれと大きな違いはなく、若者たちがジーンズをはき、カラフルなバックパックを背負う姿は日本の大学よりもカジュアルな印象さえ与える。教室の風景も同様で、休み時間には学生たちがワイワイとお喋りし、キャラクター付きストラップの付いた携帯電話をいじっている。そして机の上には教科書と一緒に、これまたカラフルでお洒落なペンケースやノートが並んでいるのだが、これは日本の教室とほとんど変わらぬ光景だろう。

そんな韓国の大学で教鞭をとっていると、日本で経験しないような出来事に遭遇することがある。ふたコマ続きの授業の際、休憩時間を終えて教室に戻ると、教壇の上に缶ジュースが一つさりげなく置かれている。これは時にみかん一個だったり、ティッシュの上に山盛りに盛られたスナック菓子で

韓国の教室風景

あったりするのだが、学生から直接手渡されることもあれば、誰かがそっと置いていくこともある。「贈り物」と称するにはあまりにもささやかなのだが、これらは学生から先生への親しみや感謝、そして労いを示すもので、韓国では中学や高校でもよく見られる光景である。

これが日本だったらどうであろう。もし日本の大学なら、先生とよほど親しい間柄でもない限り、教壇に缶ジュースやお菓子を持ってくる学生はいないと思われる。そもそもこうした習慣がないことに加え、教室でお菓子を食べることへの遠慮があるのかもしれないし、単に気が利かないだけかもしれない。また仮にこのような行動に出たとしても、他の学生の手前目立ってしまう。何かわけあって飲み物を渡したかったとしても、「ジュースかそれともウーロン茶か」、「今渡せば迷惑になるのでは」といった相手への配慮が働き、通常こうした行為は控えられる。つまり、韓国では普通にされる行為が日本では憚《はばか》られるのだ。

このように、相手や場面により「何をすべきで、何をすべきではないか」には、それぞれの文化・社会により異なる適切性のルールが働いている。これはことばの世界でも同様で、相手や場面により「何を言うべきで、何を言うべきでないか」には、文化・社会ごとに異なる待遇のルールがある。

一般に待遇表現とは、話し手（書き手）の人間関係や場面に対する配慮に基づく表現を指す。これにはむろん、前章で扱った敬語表現も含まれるのだが、ここでは待遇表現の中でも「やりもらい」としての授受表現に焦点を絞り、日韓の比較を試みたい。さらに授受表現の違いを、日韓社会における贈り物文化や食事のもてなし方の違いと併せて考察し、広義における日韓の待遇上の適切性についても考えてみたい。

〈2〉日本語と韓国語の授受表現

●授受動詞の多い日本語

韓国は中学生をはじめ、高校生・大学生、そして社会人にいたるまで日本語の学習者数が非常に多い、いわゆる「日本語学習大国」である。最近は中国語に人気を奪われる傾向が見られるようになってきたとはいえ、一説では世界の日本語学習者の50％を韓国人が占めると言われるほど、各種の教育機関において日本語が学習されている。この日本語人気の背景には、アニメやマンガ、テレビゲームを中心に韓国へ輸入される日本の大衆文化への関心がある。同時に、日本語がわかれば古今東西の文化や思想に関する知識が、どの言語を勉強するよりも多く手に入るという認識が昔からあることも事実である。そうした一方で、文法構造や言語運用上の発想などが韓国語と非常に似ており、欧米語や中国語などに比べれば比較的楽に学べるという認識も無視することはできない。その「楽に学べる」はずの日本語なのだが、その中で韓国人を悩ませる文法表現の一つに授受表現がある。次の例をご覧頂きたい。

(1)　*友達があげた服を着ました。

この文は、韓国人の日本語学習者の作文からの誤用例だが、どうして「く

表1　日本語・韓国語・英語の授受動詞

日本語	韓国語	英語
くれる	주다《ジュダ》	give
くださる	주시다《ジュシダ》	
やる あげる	주다《ジュダ》	
さしあげる	드리다《ドゥリダ》	
もらう いただく	받다《パッダ》	receive

れた」となるべきところが「あげた」になっているのだろう。表1は、奥津（一九八三）を参照して、日本語・韓国語・英語の授受動詞を比較したものである。

　まず概観して明らかなことは、日本語・韓国語・英語の中で、日本語の授受動詞の数が一番多い点である。日本語には物の受け渡しや恩恵の往来を表す授受動詞が七つもあり、give と receive だけの英語はもちろん、韓国語に比べてもかなり複雑な形をとっている。これらの日本語の授受動詞は、基本的に次の三つの組合せにより説明できる。

(ア)　主語が与え手にあるか、受け手にあるか。
(イ)　丁寧体で表すか、普通体で表すか。
(ウ)　物や行為の移動が、ウチ（話し手および話し手に近い人）からヨソ（ウチでないもの）へか、ヨソからウチへか。

　例えば「くれる」という授受動詞は、主語が与え手にある普通体で、物や行為がヨソから身内に移動する状態を表している。一方、「あげる」やそのぞんざい体の「やる」は、「くれる」同様の与え手主語の動詞であるが、物や行為の移動がウチからヨソ方向に向いているという点で「くれる」と区別される。

日・韓・英の授受動詞を比べると、日本語と韓国語はそれぞれ「くれる」に「くださる」が、〈주다《ジュダ》〉に〈주시다《ジュシダ》〉が対応し、ともに普通体と丁寧体の区別がある点において、主語が与え手か受け手かの区別しかしない英語と異なる。韓国語の丁寧体をさらに見ると、「くださる」に対応する動詞には、〈주다《ジュダ》〉に尊敬を表す補助語幹〈-시-《シ》〉を付けただけの〈주시다《ジュシダ》〉がある一方、「さしあげる」に対応する謙譲表現は〈드리다《ドゥリダ》〉となっており、丁寧体では語彙としての区別がされている。しかし、「もらう」に対応する動詞としての〈받다《パッダ》〉では、「いただく」に対応する謙譲語はなく、日本語の方が細かい区分になっている。

日本語と韓国語を比較した場合、その最大の違いは(ウ)に見られる視点の有無である。つまり、韓国語の授受動詞には、ウチからヨソ、ヨソからウチへの方向性によって区分する視点が存在しないのだ。そのため、日本語で区別される「くれる／あげる」は、ともに〈주다《ジュダ》〉という一つの動詞でしか表されない。必然的に、ヨソからウチへのものの移動を表すため、「友達がくれた服」とすべきところを、前述(1)のように「*友達があげた服」としてしま

う授受動詞の誤用が生じるのだ。このように韓国語の授受動詞は、英語に比べれば複雑ではあるものの、日本語と対比すれば単純な作りになっていると言えるのだ。

●語彙の細かい区別は認知世界を映す

言語相対論に言われるように、ことばとそれを指し示す物や事象とは、必ずしも一対一の関係にはなく、あることばの意味はそれが文化・社会のコンテクストにおいてどのように使われるかを見て、初めて理解されうるものである。例えば日本語と韓国語の着衣動詞を例に見てみよう。日本語では首から下の上半身に身につける動作は「着る」、下半身に身につける動作はズボンや靴を含め「はく」という動詞で表現する。しかしながら韓国語では、イラストにあるように、首から下、足首までの身につける動作は〈입다《イプタ》〉、足首から下は〈신다《シンタ》〉として区別される。つまり足首から上までもが胴体のように区切られているので、ズボンを身につけるような場合、日本語で「はく」とする箇所でも、韓国語ではシャツと同じ〈입다《イプタ》〉が使われるのだ（Choi and Bowerman 1991）。

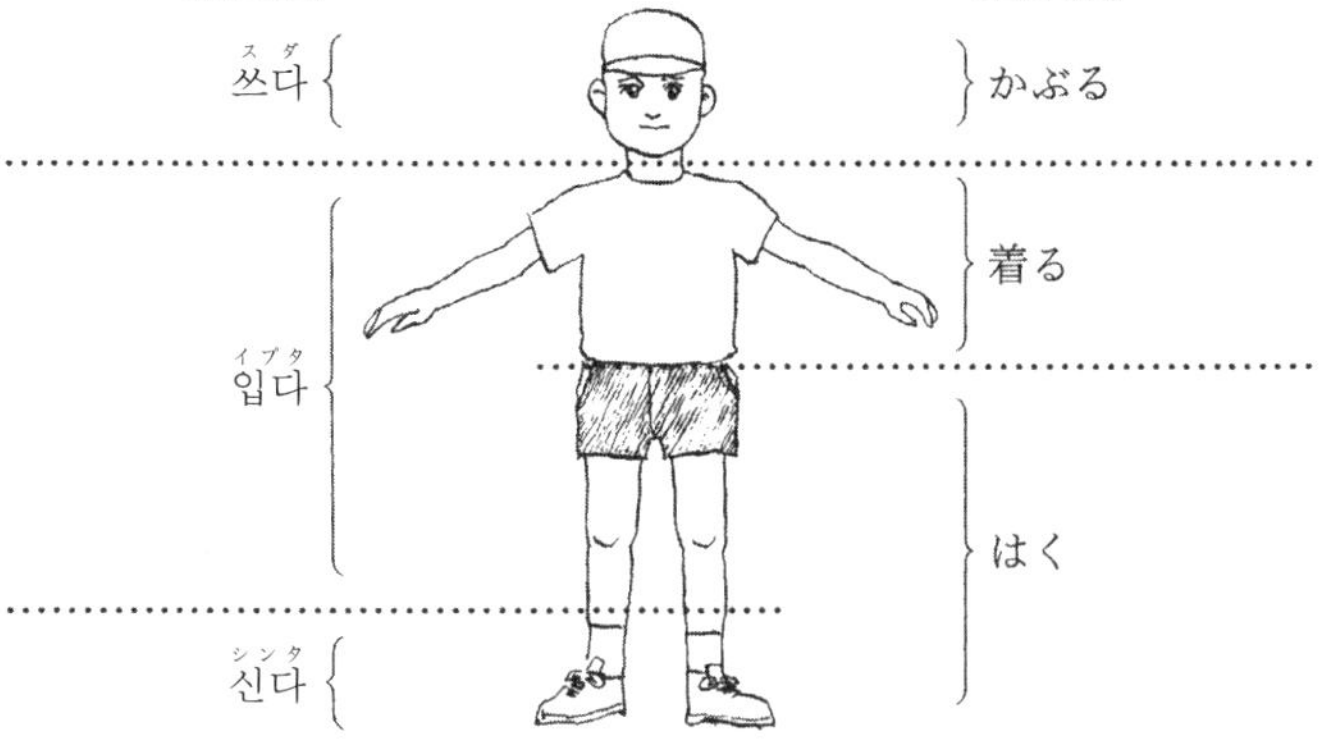

日本語と韓国語の着衣動詞

もう一つ例を挙げると、日本語の「切る」という動詞は、「指を切る」、「木をノコギリで切る」、「はさみで切る」などさまざまな形で使われるが、韓国語の場合は、「ノコギリ」で切る時は〈켜다《キョダ》〉、「はさみ」で切る際は〈자르다《チャルダ》〉と、切る道具によって動詞が区別される。また切る対象物が「手」や「木」の場合は〈베다《ベダ》〉が使われることもあるなど、日本語に比べて「切る」の意味範疇がより細かく分かれている。

こうした例に見られるように、ことばによって身体や道具、対象物にまつわる動詞が異なった形で区別されるのだが、こうした切り分けの根底にはことばによって世界を違った形で切り分ける認知の世界が存在しているのだ。そして金田一（一九九一）にも指摘されているように、日本語は物のやり取りを表す動詞においての区別がことさらに細かいのだが、ではこの授受動詞の豊富さは、日本語のどのような認知の世界と関係するのだろうか。

〈3〉「娘が大きくなってくれています」

●韓国語に訳せない日本語

日本語と韓国語の授受動詞の使われ方を、もう少し具体的に見てみよう。英語の“She gave the child some candies.”という文は、日本語では次の二通りに訳しうる。

(2) a　彼女が子どもに飴をくれた。
(2) b　彼女が子どもに飴をあげた。

(2) a の文では、子どもは話し手自身の子ども、あるいはウチの関係にある子どもと推測される。そのため、(2) b に比べて(2) a には、飴を渡すという行為が自分のウチ範疇へと向けられたことに対する、話し手の女性（「彼女」）に対して抱くありがたみが感じられる。一方、「あげる」を用いた(2) b には、物の移動方向による恩恵のニュアンスは感じられず、客観的で突き放した表現になっている。このことは、日本語では「くれる」と「あげる」を区別して捉えることにより、物や行為のウチ・ヨソへの移動方向だけでなく、社会的立場や心理的距離により微妙に変化する人間関係についても隠喩的に表現されることを示している。

これに対し韓国語では、(2)a、(2)b共に〈그녀가《クニョガ》 어린이에게《オリニエゲ》 사탕을《サタンウル》 주었다《ジュオッタ》〉という訳でしか表せない。つまり、日本語の「くれる」と「あげる」の使い分けによって醸成される、話し手による相手や場面の微妙な受け止め方は、韓国語の授受表現では伝えられないのである。

次は、ある企業に勤める日本人女性の手紙文からの引用である。

(3) 我が家は娘が順調に大きくなってくれています。

これは、我が子の成長について述べたものであるが、「娘が順調に大きくなっています」という客観的記述に比べると、「〜てくれる」の部分に、書き手である女性が娘に対して抱く心理が表れている。つまり、この部分に母親が我が子の成長を、自分への恩恵としてありがたく受け止める気持ちが込められていると言えるだろう。さらに、この表現は仕事と育児の両立に奮闘するこの女性の気持ちを、読み手に彷彿とさせる効果をも持っている。(3)は韓国語には直訳できない文であるが、もし訳すとすれば「〜てくれる」の恩恵関係を表す手段として、〈我が家は娘が順調に大きくなっています〉という文に、〈これも神様のお陰です〉なり〈○○の助けもあって〉といった表現を加えることも可能だろう。ちなみに最近では主に若者を中心として、(3)

を〈우리집《ウリチプ》 딸은《タルン》 순조롭게《スンチョロプケ》 자라주고《チャラジュゴ》 있습니다《イスムニダ》〉（我が家の娘が順調に育ってくれています）という表現を使う傾向が出てきた。日本語からの影響を指摘する声もあるが、今後の推移が注目される。

ところで「〜てくれる」のように、授受表現を補助動詞として扱った文は、一般に英語に直訳しにくい。英語ではgiveやreceiveが補助動詞的な働きをもつことはなく、恩恵の授受のニュアンスは、「誰々の益のため」といった意味で、“for〜/for the sake of〜/to benefit〜”といった前置詞句をもって表されることが多い。そのため(3)も英語への直訳がしにくく、“It is a pleasure to watch my daughter grow up so finely.”（娘がよく育っているのを見るのは私の喜びです）などと表現できても、動詞レベルで恩恵のニュアンスを表すことはできないのだ。また「死んでやる／あげる／くれる」といったバラエティー豊かな日本語の表現は、相手がいるから自分がいるというニュアンスを内包する意味で、土居（一九七一）の依存関係としての「甘え」を象徴する表現とも言える。これも英語への直訳はできないのだが、韓国語でも〈죽어《チュゴ》 주마《ジュマ》〉とか〈죽어《チュゴ》 줄께《ジュルケ》〉という〈주다《ジュダ》〉を使った形でしか訳せない分、日本語よりニュアンスが減るとも言える。このように

英語や韓国語と比べて、日本語の授受表現は人間関係上の恩恵の方向性に敏感だと言えるのだが、次に補助動詞としての授受表現の機能について、もう二つ例を見ながら考えてみたい。

〈4〉「閉店させていただきます」

●恩恵の授受

二〇〇〇年、アカデミー賞を受賞した映画監督の伊比恵子氏が話題になり、『アエラ』誌に彼女のインタビュー記事が掲載された。そこではアメリカ人顔負けの活躍をする彼女が、受賞に際し、

(4) 夢を追うためにアメリカへ渡ることを許してくれた母に感謝したい

と語った経緯が、記事の中で〈いかにも日本的女の子っぽさ〉と評されていた。このくだりは、当初映画の勉強をするためにアメリカに留学することに反対していた伊比氏の母親が、「娘の希望をかなえてあげないと後悔する」と考えたことを受けている。娘の希望を「かなえてあげたい」という母親の想いを、娘である伊比氏が自己への恩恵として受け止めている様子が、(4)の文の補助動詞の「許してくれた」の部分に込められていると言えるだろう。「留学を許す」も「希望をかなえる」も、ともに母から娘に向けた同一の行為である。しかし、そこに付属する「〜てくれる／てあげる」といった形態素レベルの補助動詞に、母と娘、各々の相手への想いが滲み出ている故に、〈いかにも日本的〉だったのだろう。

次は、商業敬語のメッカであるデパートのことば遣いからである。

(5)a　本日はこれにて閉店させていただきます。

この「〜ていただく」という表現は、商業用語としての「ご用意させていただきます」や、大学のゼミなどで使われる「発表させていただきます」などの例を挙げるまでもなく、日本人が好んで使う謙譲表現である。ここで、店が閉まるという事実だけを客観的に捉えて表現するなら、「本日はこれにて閉店します」という言い方もできる。だが、(5)aには話し手であるデパート側が、聞き手である客の許しを得て閉店するという意向が込められており、「お客様あってのデパート」という恩恵関係をも含意として表した待遇表現となっている。

これに対し、前述のように韓国語には「〜ていただく」に対応する動詞がなく、そのため(5)aの直訳は不可能なのだ。参考までに紹介すると、韓国のデパートの閉店案内放送には(5)bのようなものが多い。

(5)b　이제는《イジェヌン》　오늘의《オヌレ》　영업을《ヨンオブル》　끝마칠《クッマチル》　시간입니다《シガンイムニダ》.

(それでは本日の営業を終わらせる時間です)

しかし実際は(5)bだけを流すのでなく、〈いつも○○百貨店にお越し下さりありがとうございます〉といった感謝表現を加えて放送することにより、(5)a同様のニュアンスを伝えていると言える。

ここまで見てきたように、日本語のやりもらい表現に見る対人意識は韓国語に比べてかなり複雑なのだが、このことは日本語の特質のみならず、やりもらいにまつわる日本社会の習慣やしきたりとも何か関係がありそうだ。続いては、日韓の贈り物文化と食事のもてなし方から考えてみよう。

〈5〉お膳の足が折れるまで

●高価な贈答品

日本人はかなりの贈り物好きであるが、これは韓国人も負けず劣らずである。韓国語でいわゆる贈り物のことを、韓製漢語を用いて〈膳物《ソンムル》〉と言う。これはもともと祭祀に用いる祭壇の供え物を指したが、ご先祖様に献上した食べ物を、のちに家族や親戚の皆で食べたところから来ている。こうした祭礼の時だけでなく、韓国では日常的にいろいろな贈り物がされるが、人を訪ねる時などは、ジュースセットや食べ物、鉢植えなどの手土産を持って行くことが多い。そのためもあって街角で見かける小売店には、手土産用に便利なジュースセットが既に取っ手のついた箱に詰められて店先に並んでいるし、小さな花屋も街のいたるところで見かけられる。その他にも誕生日やクリスマス、還暦のお祝いなどでも贈り物がされる。

韓国社会では、綺麗に包装されたプレゼントをもらった際、その場ですぐに包装を解くことは礼儀に反するとされる。最近は若者世代を中心に様相が変わってきたものの、プレゼントをもらったら"May I open it?"とひと言尋ねてから送り主の目の前で開けることをよしとするアメリカ社会と比べると、こうした部分でも韓国は日本と似ていると言えるだろう。しかし、冒頭の缶ジュースの例でも見たように、韓国人の贈り物の習慣には日本人と多少異なる点があるのだ。

日本では盆暮れに中元・歳暮を贈る習慣があるが、これは韓国でも同じで、秋の名節〈秋夕《チュソク》〉や年末年始には、デパートの特設コーナーで人々が贈り物を選ぶ姿が見かけられる。韓国での贈答品も日本と同様、食品や嗜好品などが多いのだが、日本に比べると値段の張る品物が目立つ。贈り先にもよるが、カルビ用の牛肉30キロ六万円相当、日本の鯛に相当する高級石首魚《いしもち》10匹五万円相当、高級高麗人参五万円相当など、高額でしかも冷蔵庫にはとても収まりきらないような量の品を贈る人が多い。相手への日頃の感謝の気持ちを物に託して伝える手段とはいえ、高額品やブランド品を贈る点では韓国の勢いは日本を上回るとも言える。こうした豪華な贈り物は、送り主が直接相手の自宅まで持参するのが習わしだが、一人では抱えきれないほどのあまりの量に、もらった方が閉口してしまうこともしばしばだ。

これに比べ日本の贈答品は、三千〜五千円といった比較的手頃な値段でも、季節や送り先の家族構成などを考慮して選ばれることが多い。季節が夏なら

高級石首魚《いしもち》

贈答用カルビセット

韓国の食卓

ば、そう麺セットや水羊羹《みずようかん》、また家族の多い相手には、石鹸や洗剤、調味料セットなどを贈る。韓国人に比べて日本人は、量や豪華さよりも、贈り先である相手に配慮した品選びをしているとも言えるだろう。

●あまるほど振る舞ってこそ真のもてなし

さらに、こうした日本と韓国のやりもらいのスタイルの違いは、食事のもてなし方の違いにも表れている。韓国料理と言えば、キムチや海苔《のり》、焼き肉を中心に、日本でもすっかりお馴染みになってきた。しかし、いかに韓国料理を食べ慣れた人でも、実際に韓国に行くとまずその品数と量の多さに驚かされることだろう。俗に《お膳の足が折れるまで》と言われるように、韓国では食卓の表面が隠れるほど皿が並んでこそご馳走となる。これは主食を注文すると必ずついてくる〈반찬《バンチャン》〉のせいもあるが、キムチやナムルなどを中心としたこうした惣菜は、いくらでもお代わりがきき、何皿食べても料金は主食の分しか取られない。当然料理は食べ切れないのだが、韓国では心を尽くして準備した食事を、あまるほど振る舞ってこそ真のもてなしになるのだ。

このように、韓国社会では物を贈る時でも食事を振る舞う時でも、あまるくらいにもてなすのが当然とみなされる。それに対し、日本料理は見栄え良く盛り付けなどにこだわっても、量は決して多くはない。韓国人の目にはケチとも映りかねない日本食の量は、相手の胃袋具合に合わせようとする配慮から生じた「適量」と解釈することもできるだろう。つまり、日本人は贈り物をしたり食事を振る舞う際に、相手の立場により配慮したやり方を習慣としているのに対し、韓国人は相手の立場を考慮するより、自分ができる限りのもてなしを精一杯することが、最高の礼儀だと考えるのだ。

日本人は、旅行先や訪問先にちょっとした手土産として饅頭《まんじゅう》や煎餅などを持って行くことが多い。仕事やプライベートで韓国を訪ねる際も、あいさつ代わりとして日本の銘菓などを持参する人もいるだろうが、饅頭ひと箱を受け取った韓国人の中には〈日本人はずいぶんケチだ！〉と驚いている人も実は少なくないようだ。日本人としては、あまり相手の荷物にならず、また相手の精神的な負担にならない物を熟慮して選んだつもりでも、知らぬ間にすれ違いが起きてしまうのだ。これも相手の立場に焦点を当てた日本人と、自分の気持ちを積極的に相手に伝えようとする韓国人との、考え方の違いに端を発しているのかもしれない。

〈6〉割り勘を嫌う韓国人

●貸し借りも親しみの表現

授受表現の複雑さに見られるように、日本人の考え方の特徴として、物や行為や「恩恵」の移動に敏感な点が挙げられるが、これは日本人の割り勘好きにも反映されている。日本人は食事などに出かける時、割り勘にすることが多い。時にはおごりおごられということもあるのだが、実際は割り勘が互いに心の負担にならない最良の方法だと考えている日本人は少なくないだろう。もし誰かにおごられたら、その人は次におごり返すまで、相手からの恩恵を負うことになるからである。

その点、韓国では割り勘は他人行儀で冷たい行いと考えられ、どちらかと言えば好まれない傾向にある。友達におごられたら、次は自分がおごり返すのが当たり前で、〈今日は私が買う（＝おごる）から〉（오늘은《オヌルン》 내가《ネガ》 살게《サルケ》）というひと言が食事に出かける時の合図になっているような感もある。また、〈次は私が買うから〉（다음에는《タウメヌン》 내가《ネガ》 살게《サルケ》）という食後のひと言が、おごってもらったことに対するお礼や、「次も一緒に食事をしよう」という意味のあいさつにもなるようだ。

このように、日本人に比べて割り勘を好まない韓国人は、貸し借りに関して何ともおおらかである。実際、韓国人は些細な物や小額の貸し借りには頓着しないことが多い。知り合い同士でタクシーに乗る時などは、先にお金を出した方がタクシー代を払い、相手はお礼こそ言ってもお金は全く払わないのが普通である。このような場合、大抵の日本人は律儀に十円単位まで数えてお金を返すであろう。またお菓子や化粧品などでも、韓国人は相手と親しい間柄にあればあるほど、「あなたの物は私の物」と言わんばかりに、特に承諾もなく相手の物を食べたり使ったりすることが多い。突然韓国人の友達に自分の口紅を使われたり、飲み物を飲まれたりしてびっくりしたことのある日本人もいるかもしれないが、韓国人からすれば、こうした行為はあくまでも親しみの表現に過ぎないのだ。

ケーキを囲んで

さらに韓国の食卓では、家庭内ではもちろんのこと、よその人を交えた場でもいわゆる「取り箸」は使わない。また家族の間では食事中の飲み物を、二、三人が一つのコップから分け合って飲む場合がある。最近では自分のコップを使う人が増えたものの、一人一人が別々の容器から飲む行為は、韓国人の目には他人行儀に映ることもあるのだ。また日本の家庭では、家族銘々の箸や茶碗、湯呑みが決まっている場合が多く、中でも夫婦茶碗《めおとぢゃわん》など夫婦で大きさの違う茶碗や湯呑みが使われることがある。これは箸文化圏としての東アジア、東南アジア諸国内でも珍しい例だろう。ただし鍋物となると話は別で、改まった席でもない限り日本人でも自分の箸を使って一つの鍋をつつく光景が見られる。韓国でもそれは至極当然のことなのだが、韓国人はケーキを丸ごと一つ買ってきて食べる時も、人数に応じて切り分けたりせずに、皆で囲んだケーキを丸ごと好きなところからつついて食べることが多い。筆者（井出）もこの経験をした時はびっくりしたが、聞けば〈この方がおいしいから〉とのこと。確かに慣れてくると、大勢で鍋をつつくのと同じ感覚で、あっちの生クリームを食べこっちのイチゴをさらいと、なるほどこれはこれで楽しくおいしい食べ方なのだ。

〈7〉敷金・礼金不要の韓国

せせこましく映る日本人

授受表現や祝儀の複雑さ、あるいはその生活習慣からも窺えるように、日本社会は対人関係上の恩恵の行き来に関してかなり敏感である。日本人は人にしてもらったことはすべて「恩」と捉え、その恩を必ず返す「恩返し」に敏感だが、この価値観は「鶴の恩返し」や「かさ地蔵」に代表される日本の昔話にも反映されている。

「お返し文化」が発達した日本では、中元・歳暮のほかにも、いわゆる「半返し」、「倍返し」、そして「内祝い」という韓国にはないことばがあり、さまざまな形のお返しが習慣的にされている。半返しや倍返しは、何か贈られた場合にその金品の半額や倍額に当たる金品を礼として相手に返すことだが、結納金に対して半返しや倍返しがされたり、出産や入学などの祝い事に対して内祝いが返されたりする。さらに李元馥《イウォンボク》（二〇〇一）が『コリア驚いた！　韓国から見たニッポン』で描いているように、日本では病気の見舞いにも「快気祝い」が贈られるし、引越しの際の「敷金・礼金」のシステムもこうした日本の習慣に端を発する。

下宿案内の貼り紙

最近では敷金・礼金不要の物件が増えてきたとはいえ、日本でアパートに引越す際は通常、家賃の一か月分に相当する敷金と保証金を前払いし、さらに家主に対しての礼金をひと月もしくはふた月分支払う。礼金とは、もともと部屋を貸してくれる家主に対する恩を、金銭という形で返すことから「礼金」と呼ばれるのだが、これはアメリカや韓国社会にはないシステムだ。その点、韓国では入居時に家主に対して一定額の保証金を預ける〈傳貰《ジョンセ》〉のシステムが取られている。家主はアパートを貸す間〈傳貰金《ジョンセクム》〉を運用し、そこから得られる利子や投資などを通して儲ける仕組みである。しかしこの保証金は退出時に全額を返してもらえるので、一度払ったら返金はされない日本の礼金の考え方とは全く違う制度である。

快気祝いにせよ礼金にせよ、こうした日本独自の習慣は日本人のやりもらいへのこだわりを反映している。しかし常に相手と自分の関係を気にし、その間にある「恩」を天秤にかけるかのように計る日本人は、韓国人の目にはせせこましく、また付き合いづらいと映ることもある。逆に割り勘を嫌い、貸し借りにあまり固執しない韓国人は、日本人には相手への配慮に欠いた無神経な人として捉えられることもあろう。

◉セマウル運動

このように物のやりとりにおいて日本とは異なる習慣を持つ韓国だが、その歴史をほんの少しさかのぼると、祭祀や祝いの席などで、来客に対して贈答物や食事を今よりさらに派手に振る舞う風習があったことが分かる。特に結婚式では来客に普段にもまして有り余る量のご馳走が振る舞われ、また新婦側の家族から新郎側の家族へ、蒲団や洋服などが結婚を機に結納として贈られた。ところが一九七〇年代の朴正熙《パクジョンヒ》大統領時代、農村の近代化推進のために〈セマウル(新しい村)運動〉が打ち出されると、一九七三年に施行された《家庭儀礼準則》の中で、「引き出物」のような贈答物の贈与は一切禁じられてしまったのだ(これは一九九三年に全文改正がされている)。この〈セマウル運動〉は、俗に〈漢江《ハンガン》の奇跡〉と呼ばれる韓国の経済成長を促した国内改革運動の柱となったものなのだが、近代化のために不合理な風習を見直した《家庭儀礼準則》の法律は、〈家庭儀礼において虚礼虚飾を一掃し、その儀式手続を合理化することにより浪費を抑制し、健全な社会気風を振興する〉ことを目的に施行された。具体的には、印刷物による客の招待、花輪などの装飾品の陳列、答礼品の贈与などが一切禁止されたのだ。

こうした法律ができた事実は、裏を返せば韓国社会においてそれまでいかに答礼が大切な習慣であったかを物語っているだろう。つまりかつては韓国でも日本での「引き出物」同様、饗宴などの場で主人が招待客に土産として答礼品を出していたのである。それが法律のため冠婚葬祭時の引き出物の類いは一切出せなくなってしまったのだ。そのため、現在の韓国社会では、答礼品の代わりとして客には大量の料理を振る舞い、また誰かに自分の冠婚葬祭の席に出席してもらったら、次にその人の冠婚葬祭の席には必ず参加するように努めることで恩返しがされるのだ。引き出物が出ない韓国の結婚式に参加すると、韓国の習慣はより欧米社会のそれに近いのではないかと一見錯覚しがちだが、あながちそうでもないのである。

〈8〉人と人とをつなぐもの

●変わりゆく授受表現

これまで見てきたように、日本語の授受表現は韓国語や英語に比べると複雑で、それが食べ物の振る舞い方や贈り物の仕方といった社会的な待遇の儀礼にも反映されている。では、日本人のこのような待遇意識は今後どのように変化していくのだろうか。ある日本の女子大生が、韓国に短期留学した際の経験について語ったインタビューから、次の抜粋をご覧頂きたい。

「……いま、ホームステイさせてもらってるんですけど、そのホームステイしている家族が(中略)いっしょうけんめい日本語を話してくれて、(ホームステイの)お母さんは韓国語しか話せないんですけど。話そう話そうとしてくれて、いやがらずに一緒にいつもしてくれるし。……」

これは沈《シム》玄《ヒョン》姫《ヒ》(二〇〇〇)が、日本の大学生に最近感謝した事柄について、インタビュー形式で語ってもらったものだが、インタビューというセミフォーマルな場にもかかわらず、いかにも今時の大学生といった話しぶりが見て取れるだろう。この語りでは、ホームステイ先の家族に対する感謝の気持ちが全体として述べられているのだが、ホームステイ先の家族には敬語が使われていないし、「有り難い」や「感謝している」といった直接的な謝意表現も使われていない。にもかかわらず、この語りから話者がホームステイ先の家族に抱く感謝の念が感じ取れるのは、傍線部にあるように補助動詞としての授受表現が、話のふしぶしに使われているからだろう。

「〜てもらう／てくれる」といった表現は、それが使われる度に、そこに関わる人と人との間を「恩恵の気持ち」という見えない糸でつなぐかのごとくの役割を果たしている。日本語の授受表現は、物や行為の移動にとどまらず、話し手が相手との関係をどう捉えているのかという「視点」、また話し手が相手との関係をどのように築こうとしているかという「関係の方向性」をも反映していると言えるだろう。

韓国の答礼品に関する儀礼が歴史の流れと共に変化したように、日本の敬語もとりわけ一九四五年以降、社会の民主化にともない簡略化がされてきた。さらに一九七〇年度以降は核家族化の影響もあり、家庭内での敬語の使用は現在限りなくゼロに近い状況にあるだろう。中でも最近の若い世代においての尊敬語、謙譲語を中心とした敬語の無使用には目を見張る変化がある。そんな中、宮地（一九七五）は、日本語の歴史において敬語が単純化してきた一方で、それを補うように授受表現が発達、複雑化してきた過程を指摘している。

日本語の歴史をたどると、古代から近代への移行において謙譲語が衰退し、美化語・丁寧語が発達してきた過程が見られるのだが、これは上下関係を中心とする人間関係上の複雑さを避けようとする傾向であった。しかし、近代そして現代においてはさらに敬語が単純化していく一方で、やりもらいとしての授受表現は多様化を見せてきていると宮地は指摘している。このことは先のインタビューでの女子大生の発話にも如実に現れており、たとえ謙譲語や尊敬語は上手く使えなくても、授受動詞に恩恵の気持ちを託し、それによって感謝の気持ちを表しているのだろう。このように考えると、日本人はいつの時代においても、人は「誰かの世話になって生きている」という相互依存感に基づく人間関係上の恩恵意識を、常にことばに反映させているとも言えるのだろう。

最近日本の若者を中心として使われる動詞に、「ゲットする」がある。これは、英語の動詞"get"(取る)を借用したもので、「欲しかったCDをゲット!」などと「手に入れる」の意味で使われる。この「ゲット」のニュアンスには、授受表現につきものの恩恵の行き来という視点はない。そのため、たとえ親からもらったものでも、「お小遣い五千円ゲットしちゃった」などという言い方ができる。他にも「豪華商品をゲットしよう!」、「メル友ゲット」といった表現は、恩恵関係が伴わない分やりもらいの授受動詞と比べて、時としてドライで排他的なイメージを持つ。だがこのことは同時に、自分の力で手に入れるという「自己を中心とした」表現でもあり、こうした表現が英語からの借用を含め増えている事実は、今の世代の生き方を反映しているようで興味深い。待遇表現としての授受動詞の変化に加えて、人と人とのつながりがことばの上でどのように示されるのか、特に若者のことば遣いを中心に今後も目が離せないだろう。

ちょっと勉強 5

ことばの乱れ意識の日韓比較

ことばの乱れを嘆く声は今に始まったものでもないし、日本にだけに限ったことでもない。では、日本人と韓国人は、自国語の乱れについてどのように感じているのだろうか。資料に基づき、簡単な日韓の比較を試みたい。

調査は、「二〇〇二年一月の読売新聞の『日本語に関する全国世論調査（日本人）』の項目に準拠し、二〇〇二年五月、韓国全域で四七七人を対象に行った。

▼ことばは乱れているか

表を見ると、韓国人では「乱れている」と感じる割合が、「非常に」「多少は」を合わせ31・3％にすぎないのに対し、日本人の場合は82・2％にものぼり、日韓の間にはかなりの開きがあることがわかる。

ことば遣いが乱れているという嘆きは、裏を返せば、「正しい」ことば遣いへの執着があるからこそ

表　日本語（韓国語）は，全体として，乱れていると思うか（国別・%）

	調査数	非常に乱れている	多少は乱れている	あまり乱れていない	全く乱れていない	無回答
日本	1.899	33.9	48.3	14.7	2.1	1.2
韓国	477	8.0	23.3	65.4	2.7	0.6

（注）日本のデータは「読売新聞社全国世論調査」（2002. 1）による。

生じるといえる。日本人の自国語への関心や、規範意識の高さが見て取れる興味深い結果である。

▼気になっていること

次に、「今の日本語（韓国語）について気になっていること」を複数回答であげてもらったところ、日韓ともに「意味のわからない流行語や新語が多い」（日52・3％、韓69・0％）がトップで、以下「若者の話しことばで意味のわからないものが多い」（日48・7％、韓68・3％）、「敬語が適切に使われていない」（日48・5％、韓30・8％）の順になっている。流行語や若者ことばに対する戸惑いや抵抗感は、日韓とも共通している。けれどもこのような問題は何も現代に限ったことではなく、中高年者の中にも、自分たちが若い頃にこうした非難を浴びた覚えのある人も少なくないに違いない。

▼乱れの背景

さらに、乱れていると答えた人に、「乱れの背景にはどのような問題点があると思うか」と尋ねたところ、日韓ともに「テレビやラジオなどが良くない影響を与えている」（日69・9％、韓66・2％）が最多で、「社会がことば遣いを大切にしなくなっている」（日52・3％、韓48・2％）、「家庭での躾《しつけ》が不十分」（日63・0％，韓22・4％）という順になっている。

つまり、両国とも社会の風潮や家庭環境に、ことばの乱れの原因を求める人が多いのである。

VI

母はもっと若く見えるんですよ

〈1〉奇妙な雑魚寝《ざこね》

仔犬のように

韓国の大学では日本の四月と違い、三月が入学式のシーズンである。筆者(任《イム》・井出)の勤務先の中央《チュンアン》大《デ》学校《ハッキョ》の日語日文学科では、毎年三月に新入生が入ると、恒例のメンバーシップ・トレーニング(通称MT《エムティー》)が行われる。MTとは新一年生と世話役の上級生、そして教職員が参加する親睦を目的とした合宿で、大抵はソウル近郊の宿泊施設に、一、二泊の素泊まりをしながら行われる。合宿中の晩は、学生たちが作った鍋を囲んで夕食を取り、その後はグループごとの出し物と学科の伝統とも言える〈ミス日文科《イルムンクァ》コンテスト〉が行われる。ミスコンとは言っても、出場者は上級生女子の手によって厚化粧をほどこされ、セクシーなドレスや下着に身を包んだ一年生男子で、派手な照明と激しい音楽に合わせてパフォーマンスをする姿が会場を爆笑の渦に巻き込む。それが終わると屋外に準備された豚の頭を祭った祈禱《きとう》台の前で、この一年の精進を祈願しつつ誓いの酒を飲む。その後はキャンプファイアーを囲んで歌ったり踊ったり。そして十一時を回った頃から、삼겹살《サムギョプサル》(豚の三枚肉)をコンロで焼きながら、ビールや焼酎を飲み交わす飲み会が始まる。

MT 合宿でのミスコンのヒトコマ

この頃になると時計の針も真夜中を過ぎ、帰り支度をして家路に向かう教員もいるが、学生と朝方まで飲み明かす人も少なくない。筆者（井出）も学生たちと飲みながら頑張っていたのだが、二時を回るとさすがに眠気に勝てず、オンドル部屋の片隅に蒲団を敷いて床に着いた。明け方、変な寝苦しさに目が覚めた。ふと見ると両隣にぴったりと身体をくっつけて学生が寝ている。そして足元にも固まるようにして学生たちが寝ている。さらに足の上に足が重なり、ギューギュー押されるような圧迫感がある。苦労して身体を起こしよく見てみると、広いオンドル部屋のここそこに、学生たちがひと山ふた山といった具合でかたまるように寝ている。他にいくらでも蒲団をひける空間があるのに、なぜか仔犬か仔猫のごとくぴったりとくっつき合って寝ているのだ。一つの蒲団に何人も重なるようにして寝ている光景は、日本人の目には何とも窮屈そうで不思議だった。

日韓の生活習慣には異なる点が少なくない

が、その一つに蒲団の敷き方の違いがある。普通日本で夫婦が和室で寝る場合、それぞれが個々の蒲団を敷いてそこに寝る。しかし韓国では、個人用の蒲団と夫婦用の蒲団は区別されており、夫婦は二人用の大きめの蒲団で一緒に寝る。夫婦以外にも、親しい関係にある友人同士も同様で、仲が良ければ良いほど身体距離は近くなり、女性同士はもちろんのこと、男性同士でも同じ蒲団で眠るのだと言う。日本でもダブルベッドを使う夫婦もいるし、九州地方では韓国と同様に夫婦が大きめの蒲団一つで寝る地域もあるという。しかし日本人の場合いくら親しい相手でも、蒲団は別々という人は少なくない。しかし韓国人から見た日本人のこうした行動は、それが夫婦であれ友達同士であれ仲が悪いように映るのだ。このような日韓の違いは第Ⅳ章で述べた身体接触の違いにも関係するだろうが、ここでは日本人と韓国人の仲間意識や家族意識の捉え方に焦点を当てて、二つの社会を比べてみたい。

〈2〉韓国人の〈우리《ウリ》〉意識

●固い絆で結ばれる〈ウリ共同体〉

韓国の町並みを歩いていると、パン屋や花屋、雑貨店などと並んで小さな写真館を目にすることが多い。日本の写真館と同様にウィンドーには人目を引くような写真が飾られていることが多く、家族の写真や、子供の生後百日目に祝われる〈百日記念《ペギルキニョム》〉の写真が道行く人々に微笑みかけている。特に家族写真となると、祖父母世代を中心に、孫の代まで一族が揃って写真に収まっている。十数名がスーツや揃いの色鮮やかなチマチョゴリを着て誇らしげにしている姿を見るにつけ、韓国人の家族に流れる絆の強さを思わされる。

韓国人の同族意識や仲間意識の強さを象徴することばに、〈우리《ウリ》〉という言葉がある。우리《ウリ》とは、「私たち／我ら」といった意味で、基本的には自分(나《ナ》)を中心とした血縁、学縁、地縁、知人などの世界を総じて指す。우리《ウリ》はそのことばが単独で使われるだけでなく、自分の所属集団や組織を強調する意味の接頭辞としてもよく使われる。具体的には〈우리《ウリ》 집《チプ》〉(私たちの家＝我が家、うち)、〈우리《ウリ》 나라《ナラ》〉(我が国＝韓国)、〈우리《ウリ》 말《マル》〉(我らの言葉＝韓国語)などといったことばが日常的によく聞かれる。日本語の「我が

家族写真

社」や「我が校」と似た表現であるのだが、「我ら」、「我が」といった表現にはなんとなく形式ばった堅苦しいイメージがあるのに対し、우리《ウリ》はより身近で日常的な表現として使われているようである。

韓国人には自分の親を対外的に〈우리《ウリ》　어머니《オモニ》〉（私たちの母）、〈우리《ウリ》　아버지《アボジ》〉（私たちの父）と呼ぶ人が少なくないが、〈우리《ウリ》　어머니《オモニ》〉の場合は「私たちの母」というよりは、「うちの母」に近いニュアンスになる。ある時韓国のテレビ番組を見ていたら、街角インタビューでマイクを向けられた主婦たちが〈우리《ウリ》　동네《トンネ》　최고《チエゴ》！〉（我が町、最高！）と叫んでいる場面があったのだが、町内の結束の強さを垣間見るような場面だった。このように우리《ウリ》とは自分自身を中心として広がる拡大組織を指すことばなのだが、家族であれ職場の仲間であれ、町内の友達であれ、우리《ウリ》に属する関係は固い絆で結ばれた〈우리《ウリ》共同体〉として機能するのだ。

◉責任を感じなくていい〈ナム〉の世界

一方우리《ウリ》に属さない人は、韓国社会では〈남《ナム》〉（他人、人様）の世界に属する人々として区別される。そのため自分を含めた우리《ウリ》以外は基本的に全て남《ナム》になる。小倉（一九九八）は韓国社会の人間関係について触れ、それが自分自身の拡大組織としての우리《ウリ》の中でのみ形成されているという。そのため우리《ウリ》の中においてだけは礼儀が厳重に重んじられるのだが、他人である남《ナム》との間にはもともと人間関係が存在しないので、特に礼儀を重んじる必要性もないのだという。実際に韓国社会では、混んでいる電車やバスの中で人の足を踏んでも知らんぷりをしている人が多い。남《ナム》としての他人とは礼儀を成立させる必要がないのであるが、これは裏を返せば、一度礼儀を成立させれば남《ナム》が우리《ウリ》の範疇の人となってしまうからなのだ。

最近は携帯電話の普及で、韓国でも日本でも公共のあちらこちらで通話中の人に出くわすが、駅のホームや車内で通話中の人などをみかけると、韓国人の方が日本人よりたいがい大きな声で話をしているし、車内でも特に携帯電話の使用の自粛を呼びかけるアナウンスもない。誤って足を踏んだ時の態度と同様に、こうした問題は公共マナーの問題として片付けてしまうことも

できよう。しかし、こうした違いの根底には、韓国人が남《ナム》の世界を基本的に自分とは関係がなく、よって責任の所在もないと認識していることともいくらか関係しているのかもしれない。

このように、他人としての남《ナム》には無愛想な態度を取り礼儀を気にしない面がある一方で、韓国人は電車などに見ず知らずの老人が乗ってくると、すぐさま立ち上がって席を譲っている。これは若者に限ったことではなく、五〇代の人でも七〇代や八〇代の人には何の躊躇もなく席を譲っているように見える。こうした光景に出くわすと、日本人は韓国人の礼儀正しさや老人を敬う精神に敬服してしまう。小倉（一九九八）はこのことに触れて、韓国では〈立っている老人〉はいついかなるときでも남《ナム》ではなく우리《ウリ》の領域とみなすという儒教社会の了解があるからだと説明している。

このように韓国人は自分自身の拡大組織の우리《ウリ》と、남《ナム》の間に一線を引いているようである。しかし、日本人も他人と身内の区別のようなものは行っているし、日本人にも車内で足を踏んで知らん顔をしている人がいないわけではない。では韓国人の抱く対人関係の世界と日本人のそれとには、どのような違いがあるのだろう。

〈3〉〈우리《ウリ》〉と〈남《ナム》〉の世界観

●ウチ・ソト・ヨソ

日本社会の人間関係や言語行動を支配する概念として、いわゆる「ウチ・ソト」概念というものがある。「ウチ・ソト」の意識は、日本人の人間関係や行動を理解するための一つの文化コードとしてこれまでに様々な学者の手により研究がなされてきた（Bachnik and Quinn 1994、牧野 一九九六）。その一つである三宅（一九九四）は「ウチ・ソト」概念にさらに「ヨソ」の概念を加え、「ウチ・ソト・ヨソ」として日本人の言語行動の枠組みを説明している。図1（次頁）は三宅より日本人の対人関係枠をウチ・ソト・ヨソの同心円を使って図式化したものである。

この図は自己を中心とした人間関係を示しているが、まず自己を取り巻く同心円としての「ウチ」は、親兄弟や親友のようなごく近い関係にある人の枠である。そして自己とウチの関係は、点線で示されるように境界線が曖昧な関係にある。その外円の「ソト」関係にある人は会社の上司や大学の先生、さらに同じ職場の顔見知り程度の仲間など、自己と社会的なつながりのある人たちを指す。ウチとソトの間には実線で区切られた境があるのだが、これ

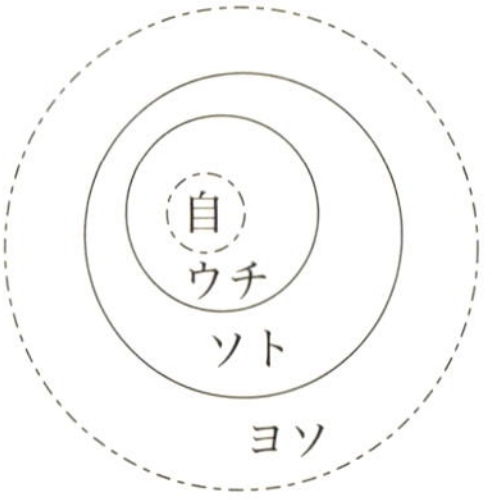

図1
日本人の「ウチ・ソト・ヨソ」モデル
(三宅1994より)

はウチの相手には常体、ソトの相手には敬体を使って話すといった言語行動の差にもしっかりと反映された区別である。

そのさらに外枠にある「ヨソ」は、他人事として自分とは直接係わり合いのない世界を示す。例えば通りがかりに道を尋ねてきた人や、電車で隣の席に座った人などがヨソの範疇に属するだろう。ソトとヨソの間にも実線で区切られた明確な境があるのだが、これについて三宅は「取引先の人間には丁寧で気配りを尽す会社員が、仕事を終えて電車に乗ると高いびきをかいて周りに迷惑をかけたりする」という例を引き合いに出して、ソトとヨソの区別を説明している。つまりヨソとは「よそ者に用はない」という表現にあるように、自分とは根本的に無縁の世界であり、남《ナム》と同様に気を遣う必要のない世界なのだ。だが同時にヨソは、「よそ様の前で恥ずかしい」といった使われ方にも反映されるように、自分と社会的に何らかの接点が生じた場合は、自分の行動を監視する規範としての「世間」という目にもなりうるのだ。

●〈ウリ〉と〈ナム〉

こうした「ウチ・ソト・ヨソ」の概念的枠組みは、韓国人の〈우리《ウリ》・남《ナム》〉

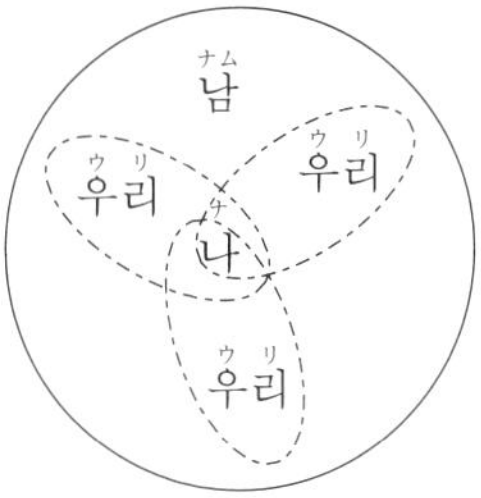

図2
韓国の〈우리《ウリ》〉と〈남《ナム》〉

と具体的にどのように異なるのだろうか。ここで図2をご覧頂きたい。

まず自分を取り巻く우리《ウリ》の世界は、いくつもの共同体から成り立っている。先述のように、韓国人にとっての우리《ウリ》は自分（나《ナ》）の拡大組織であるのだが、日本人の自己とウチの関係と比較すると、우리《ウリ》世界は自分が属する共同体の集合として成り立っている傾向が強い。日本のウチ世界も基本的に家庭や職場といった共同体がベースになっており、図1と図2はあくまでも相対的な日本と韓国の違いである。しかしここでは、韓国の우리《ウリ》共同体の存在的強さを強調する意図から、敢えてこのように図式化してみた。우리《ウリ》共同体は家族を中心的組織とするのだが、他にも小学校から大学までの同窓会、除隊軍人の集会、同郷出身者の〈郷友会《ヒャンウフェ》〉（日本の県人会に似た集い）など、基本的に自己と平等で水平の関係にある相手を介して成立する。

年齢を規準とした縦の関係が厳しく意識される一方で、仲間としての横のつながりも重視される韓国社会では、縦の制約が厳しいからこそ横としての우리《ウリ》の結束度が強いと言われる。また歴史を遡ると韓国は、日本や中国といった異民族から侵略や支配を受け続けた経験を持つのだが、こうした国としての経験が우리《ウリ》以外の人に対して潜在的に強い警戒心を抱かせていると古

田（一九九五）は考察している。

一九九七年の経済危機の際、失業率が一時10％を越えたにもかかわらず大きな社会混乱が起きなかったのだが、その背景には、傾いた経済を国民が우리《ウリ》の精神を発揮して支えたという指摘もある。この時の우리《ウリ》基盤には、親族の他にも、教会などの非営利組織もあり、失業者を支えるために活躍したという。しかし同時に、韓国各地で開催された〈금《クン》 모으기《モウギ》〉（金《きん》を集めること）では、国の経済救済のため国民が、自身の結婚指輪や純金の装飾品などを国に寄付せんと自発的に寄付所に集まる姿が連日テレビで放映された。このように우리《ウリ》は、これひとつで夫婦や家族といった最小単位から国家という最大単位までを賄《まかな》える概念だが、남《ナム》に対しては無関心であるどころか警戒心さえ抱く一方で、우리《ウリ》に対しては絶対的とも言えるような信頼関係を韓国人は抱いているのだ。

〈4〉プレイステーション vs オンラインゲーム

●持ちつ持たれつの〈ウリ〉世界

日本では何かしら関係のある相手でもウチとソトという区別がされており、その違いが呼称や敬語使用といった言語行動にも反映されることはこれまでにも見てきた通りである。一方韓国では、相手が우리《ウリ》か남《ナム》かの区別もさることながら、年齢を規準とした上下関係が言語行動を左右する大きな要因となる。しかし、우리《ウリ》関係に対する信頼は先に見たように強く、そうした信頼関係は同族や同郷というようにただ起源を同じくしていれば自然と生じるわけでもないようだ。どんな人間関係にも絶対的なものはなく、すべてにおいて流動的な側面を持つものだが、우리《ウリ》関係と남《ナム》関係も同様である。古田（一九九五）は우리《ウリ》の最外縁部にあたる「知人」、または「知り合い」について興味深い考察をしている。知人というのは常に交流があるわけではなく、放っておけば他人にもなりかねない相手だが、そうした関係上の互いの亀裂を埋めるため、韓国人が常に情を注ぎあって関係の確認をしているというのだ。それが双務扶助にまで発達したものが、第Ⅲ章でも触れた〈품앗이《プマシ》〉（相互扶助）と〈부탁《プタク》〉（お願い）の精神であり、こうした依頼を断ると関係が

断絶して、それまで우리《ウリ》関係にあった人が남《ナム》の世界の人間になってしまうのだ。

このように우리《ウリ》関係にある仲間とは、持ちつ持たれつ頼み頼まれて関係が存続する一方で、남《ナム》は相手に対する情報も関心もない相手であり、まるで気を遣う必要がない範疇である。一般に日本人はソトの世界の人には一番気を遣う一方で、ヨソの世界ではあまり気を遣わないのだが、この点で남《ナム》はヨソの世界に似ているともいえるだろう。しかしいくら相手に気を遣わなくてもよいといっても、実際に남《ナム》同士が何かをきっかけにある接点を持った場面を見てみると、日本人とは少々異なる傾向が見られる。

例えば日本と韓国とでタクシーに乗る場合、次のような異なった経験をすることがある。日本でも韓国でもタクシーに乗車するとラジオからニュースや音楽が流れていることがあるのだが、日本のタクシーの運転手は客が乗ってきた途端、それまで聞いていたラジオのボリュームを小さくしたり消してしまうことが少なくない。しかし筆者（井出）の経験では、韓国のタクシー運転技士《ウンジョンキサ》で、客が乗ってきたからといって音量を小さくする人はほとんどいなかった。それどころか、逆にラジオのつまみを回して音を大きくする人

がいるのだ。音量がかなり大きい時はうるさいくらいなのだが、タクシーの運転技士からすればこれは客に対するサービスでもあり、同時につい先ほどまで남《ナム》同士であった者が、場を共有することから生まれるその場限りの우리《ウリ》意識の表れでもあるのだ。これに対し、前述のように日本のタクシー運転手は、行き先を聞き取れるようにするため音量を小さくする人がいるが、客に対するマナーとも受け取れると同時に、客と運転手の間に見えない一線が引かれるような気分もある。このように個人と個人が出会う場において、韓国人は남《ナム》と우리《ウリ》の壁を比較的柔軟に越える行動を取っているようにも思える。その一方で日本人は、ヨソ関係にある個人同士が関わりを持つ際、自己の世界をより堅く守っているようにも思える。

◉オンラインゲームを好む韓国人

大学教授であると同時に韓国漫画・アニメ会会長である李元馥《イウォンボク》は、ベストセラーとなった『コミック韓国』（二〇〇二）の中で、日本社会と韓国社会との文化的違いについて面白い解説をしているが、その中でゲーム文化について次のように指摘している。日本でも韓国でも若者層を中心にゲーム文化が浸透しているが、日本ではプレイステーションや任天堂のゲームのように一人で遊べるゲームが人気の一方で、韓国ではインターネットで対戦相手を探して行うオンラインゲームの方が断然盛んだというのだ。韓国は高速インターネットの普及率が二〇〇二年には世界一となり、さらにはPC房《バン》（インターネットカフェ）が全国に数万軒存在するといわれるネット先進国である。こうしたネット環境の良さも手伝ってオンラインゲームが大変流行っているのだが、李《イ》はこうした傾向を単なるインフラの違いだけでなく、一人で何かをするよりは同じ興味をもつ相手とつながり、ゲームを通じて共同体を発足しようとする、韓国人特有の心理と結びつけて説明している。これに対し日本では、ネット上で「知らない人」と一緒に遊ぶよりは、自分一人またはウチ関係にある友人や兄弟と対戦するような遊び方をより好むのだが、これはオンラインゲーム数やネット普及率の問題というよりも、自己とヨソとの間の溝が韓国に比べて深いことを指しているとも考えられるだろう。

また食事の時なども、韓国社会では食堂などに一人で入って食事を取るということは、非常に寂しいこととして認識されている。一昔前は食事時になっても一緒に食事をする相手がいない場合は、남《ナム》同士が誘い合って食事をす

ることもあったという。最近の韓国社会は欧米社会や日本社会の影響から、より個人主義が進んできていると言われる。そのため知らない者同士が誘い合って食事を取る風景は、あまり見られなくなったのだが、依然韓国人が一人で食事をとっている光景は珍しいし、食堂には個人で食事をするのに適したカウンター席もあまりない。「同じ釜の飯を食う」という諺は俗に仲間意識を表すものだが、いつ誰が仲間になるのかをウチ・ソト・ヨソと우리《ウリ》・남《ナム》の世界で比べてみると、日本と韓国社会ではずいぶん違いがあるようなのだ。

〈5〉〈母はもっと若く見えるんですよ〉

●身内をほめる韓国人

冒頭で韓国の写真館について述べたが、ここで再び話を写真に戻したい。韓国の家庭に招待されると、立派な額縁に入れられた一族の写真や若いカップルの結婚写真がリビングに飾られていることが多い。特に最近の結婚写真は、ウェディングドレス姿の新婦とタキシード姿の新郎が、まるでモデルのごとくポーズを取り幸せそうに写っている。野外撮影バージョンでは景福宮《キョンボックン》宮殿やオリンピック公園といった名所を舞台に、新郎新婦が互いに寄り添って見つめあい、時に木に寄りかかったり芝生に寝転んだりのロマンチックな演出が取られる。韓国ではそうして撮った写真を半畳分くらいありそうな大判サイズにして自宅のリビングなどに飾っている人が少なくない。

日本人からすれば、自分自身や身内の大きな写真を一番人目に付くように飾る行為はなんとも気恥ずかしいし、ナルシスト的に思えないこともないのだが、韓国人にとってはどうやらそうでもないようなのだ。こうした傾向は韓国に限らず台湾や香港、また最近では中国の家庭でも見られる傾向にあるが、これは単なる流行なのだろうか。

典型的なアメリカ人には、財布の中に伴侶や子どもの写真を入れて持ち歩き、自宅はもちろんのことオフィスにも家族の写真を飾って、来客《ゲスト》に一枚一枚の写真を丁寧に説明する人が多い。また家族のことを誰かに紹介する時も、"My son is a great soccer player."（息子は素晴らしいサッカー選手です）だとか、"My wife loves to paint. Quite an artist, don't you think?"（妻は絵が趣味なのですが、たいしたアーティストでしょう）などと言って、家族について自慢する人が少なくない。こんな時日本人だったら、「でもたいして上手くはないんですよ」なり、「道具だけは一人前なんですけどね」などと言って謙遜することはあっても、人前で身内の自慢をする人はアメリカのように多くない。また最近は死語となってきた傾向があるとは言え、「愚妻」や「愚息」ということばの存在自体が、身内については謙遜して話すという日本人の価値観を反映している。

一方、韓国語にも〈우처《ウチョ》〉（愚妻）、〈우식《ウシク》〉（愚息）ということばがあり、実際にもこうした表現が使われているらしいのだが、その割に韓国人は自分や身内をほめることが多いように思える。原谷（一九九七）も韓国人は日本人に比べ身内をほめることが多く、〈うちの女房すごい美人でしょ？〉など

と相手がほめる前から身内を自賛することが珍しくないと指摘している。誰かに「お宅のお父さん、お若いですね」とほめられたら、普通日本人は「そうですか？」と相手の発話を確認するような発言をしたり、「それほどでもないですよ」などと評価を否定することはあっても、ほめをそのまま受け入れることはあまりしない。しかし、韓国人は〈ええ、とても六〇には見えないでしょう〉などとほめを受け入れる割合が高いだけでなく、〈母はもっと若く見えるんですよ〉などと身内をさらに高く評して話すのだ。身内のことを対外的にほめる行動は、우리《ウリ》を大切にする韓国人ならではという感じがするが、ここで「ほめ」に関する対照社会言語学の研究を見ながら、日本と韓国の自己と対人意識についてより具体的に考えてみたい。

〈6〉ほめ行動の日韓比較

「回避」の多さは日韓共通

日本人と韓国人とでは誰かにほめられた時、どのようにそれに応えているのだろうか。金庚芬《キムキョンブン》（二〇〇二）は、一八歳から二三歳の親しい関係にある同性のペアを、日本人と韓国人それぞれ30組（男性15組、女性15組）ずつ、合計60組（120人）を対象として次のような調査をしている。ペアのうちの一人を事前に呼び出し、友達を会話中にそれとなくほめるようにあらかじめ依頼した上で、ペアに自由に会話をしてもらいそれを録音しているのだが、録音会話の分析の結果、まずは表1（次頁）のような結果が報告された。

表1は一つのほめに対する返答内容を、肯定・回避・否定のいずれかに分類した時の「単独の返答」の結果をまとめたものである。つまり親しい相手から、「その髪型いいね」などとほめられた時の最初の返答を、ほめを受け入れる（＝肯定）、ほめを否定する（＝否定）、お茶を濁す（＝回避）という三つの種類に分類したものだ。その結果、日本人のほめへの単独の返答はその頻度の高い順に、「回避(47・2％)＞否定(31・1％)＞肯定(21・7％)」となった一方で、韓国人のほめへの返答は「回避（55・3％）＞肯定（30・2％）＞否

表1　ほめに対する「単独の返答」の日韓対照（％）

	日本語話者	韓国語話者
肯定	21.7	30.2
回避	47.2	55.3
否定	31.1	14.5

定（14・5％）」の順序となっていることが見て取れる。

日韓の結果を比べてみると、親しい相手にほめられた際、日本人も韓国人も「回避」の方策《ストラテジー》で対処をする割合が半数前後を占めて一番高い。具体的な回避の方法としては、「その帽子いいね」と所持品などをほめられて、「池袋で買ったんだ」と説明したり、冗談を言って相手を笑わせたり、照れたり、「友達がくれたんだ」などとほめの対象を第三者に転移する方法などが用いられている。いずれにせよ日本人も韓国人も、ほめに対しては取り敢えず回避をする場合が多く、ここだけを見ると日本人と韓国人の間にはさほどの差はないように思える。

●自画自賛する韓国人

しかし二番目に多い返答を見ると、日本人が「否定」のところで韓国人は「肯定」で、逆の傾向が見られる。特に日本人の被験者はその31・1％が相手のほめをひとまず否定しており、その割合は韓国人の14・5％に比べると二倍強になっている。具体的には相手のほめに対して「そうでもないよ」なり、「でも高かったから」などと返答することにより、ほめという評価に対し、

表2 ほめへの「肯定的返答」の日韓比較（%）

	日本	韓国
賛同の発言	61.0	37.0
控えめな同意	30.4	9.2
自画自賛	4.3	31.5
喜び・感謝	4.3	3.7
「当然」発言	0	5.6
提供の提案	0	5.6
同意のほめ返し	0	3.7

自分はそうは思わないという旨や、自分に不利な情報を述べる方策《ストラテジー》が取られている。

これに対し韓国人は、被験者の30・2％が親しい相手からのほめを受け入れている。一方日本語話者が単独の返答でほめを肯定する割合は21・7％になり、数値上の日韓の差はさほど大きな違いとは言えない。しかし、実際にどのような形でほめを「肯定」しているのかをさらに詳しく見てみると、興味深い日韓の違いが浮き彫りにされてくる。

表2は日本人と韓国人のほめへの「肯定」的な返答内容の比較であるが、ここにもあるように同じ肯定的返答でも日韓には違いが認められる。何かについてほめられて「そうでしょう」などと賛同の意を表する発言では、「賛同の発言」（61・0％）と「控えめな同意」（30・4％）を含めて、日本人の九割以上が相手からのほめへの賛意を表しているのに対し、韓国人の「賛同の発言」は「控えめな同意」を含めても五割に満たない。その代わり、韓国人はほめられた事物や事象について、ただ賛意を表明するのではなく、指摘されたほめの対象について自らがほめる「自画自賛」の割合が31・5％を占めているの

だ。この割合は賛同の発言（37・0%）に次いで多く、また日本人の「自画自賛」率の実に七倍を占める。自画自賛の他にも、韓国人ではほめられた事象について「当然だ」、「当たり前だ」という旨を述べる発言が5・6%、ほめの対象となった物をほめた相手にあげようかと提案する「提供の提案」が5・6%となり、日本人の結果には出てこなかった返答が見られる。ここで金庚芬《キムキョンブン》（二〇〇一）から韓国人女性AとBの間の具体的な会話を見てみよう。

韓女A　귀걸이《クイゴリ》 참《チャム》 예쁘다《イェップダ》.　【ほめ】
（ピアス、すごくかわいい。）
韓女B　당연하지《ダンヨナジ》. 검은색이《コムンセギ》 더《ト》 세련돼《セリョンデ》 보이지《ポイジ》.　【肯定的返答】
（当然じゃん。黒い色がちょっと洗練されて見えるでしょう。）

この会話でBは、Aにピアスをほめられたのを受けて、〈当然《ダンヨン》〉だと発言すると共に、ほめの対象物（ピアス）をさらに詳しく説明する形で「自画自賛」している。日本人と韓国人のほめへの返答を比べると、同じ肯定的な返答でも、韓国人はただほめを肯定するにとどまらず、自分自身でさらにほめを拡張する傾向が見られるのだが、このことは韓国人について何を物語っているのだろう。

〈7〉〈洗濯して貸してあげる！〉

●距離を取る日本人

誰かにほめられた際の応答の仕方は、常に単独の返答によるとは限らない。「最近頑張っていて偉いね」などと友達にほめられて、「そんなことないよ」と一度否定した後で、「でもありがとう」とお礼を言ってほめを受け入れることもあるだろう。先の研究において金庚芬《キムキョンブン》はこうしたほめに対する複数の返答を分析し、その変化に注目している。表3はほめへの返答が複数あった際、それがほめを肯定する方向に流れるか、それとも否定する方向に流れるかを分析した結果である。

分析された談話数に限りがあるものの、表3を見ると日本人のほめに対する返答は、その六割が最終的にほめを受け入れないようにする「否定」方向へと進んでいることが分かる。その一方で、韓国人では複数返答をするうちに、ほめを「肯定」する方向に動く談話のケースが七割を占める。表1では誰かにほめられた場合、日本人も韓国人も取りあえずは相手のほめを「回避」するという傾向が浮き彫りにされたのだが、そこから先の談話を追うと、日本語話者と韓国語話者ではほぼ正反対の傾向を表すことが認められたわけ

表３　ほめに対する「複数の返答」の日韓対照

	日本語話者		韓国語話者	
談話の種類	頻度	割合（%）	頻度	割合（%）
肯定方向への談話変化	8	38	22	71
否定方向への談話変化	13	62	9	29
合計	21	100	31	100

だ。

ここで肯定方面に進む談話と、否定方面に進む談話をそれぞれ録音された会話から見てみたい。次は日本人の男子学生の会話からである。

日男Ａ　お前、でもＴＯＥＩＣ結構いけんじゃん。【ほめ】
日男Ｂ　うーん。でも英検やろうかなーと思って。【控えめな同意＋回避】
（中略）
日男Ａ　あ、すげえなー、準一級持ってるの？【ほめ】
日男Ｂ　うん。【無応答】
（中略）
日男Ａ　お前すごいなー。【ほめ】
日男Ｂ　ん、三回、あ、二回落っこちたよ、高校のとき。【否定】

この談話ではＡがＴＯＥＩＣと英検についてＢをくり返しほめている。最初の二回のほめに対し、Ｂは控えめにほめを受け入れているが、英検準一級を持っていることについて「お前すごいなー」というほめが出ると、「高校時代に二度落ちた」という自分にとって不利益な内容を言及してほめを否定している。この最後の発言は、Bが高校時代にすでに準一級を受けたという事実を伝えてはいるが、自分の能力をあからさまに肯定するような自慢ではない。逆に、相手のほめを助長しないように働いているとも解釈できるだろう。第I章で触れた言語ポライトネス理論に照らし合わせれば、Bのこの発話は相手と自分の私的領域の間に距離を取ろうとする意味で、ネガティブ・ポライトネスを実践しているものと考えられる。

●距離を縮める韓国人

次に韓国人女性ペアCとDの会話から見てみよう。

韓女C　와《ワ》 나시《ナシ》 이쁘다《イェップダ》.　【ほめ】
(わー、ノースリーブかわいい。)

韓女D　그래《クレ》 언제든지《オンジェドゥンジ》 말해《マレ》.　【肯定】
(うん、いつでも言って。)

韓女C　오-오《オーオ》・（［笑い］オーオー。）　【肯定】

韓女D　언제든지《オンジェドゥンジ》　말해《マレ》・（いつでも言って。）　【肯定】

韓女C　원하던《ウォナドン》　타입이었어《タイピヨッソ》・（探していたタイプだったの。）　【ほめ】

（中略）

韓女D　언제든《オンジェドゥン》　말해《マレ》・빨아서《パラソ》　갖다《カッタ》　줄께《ジュルケ》・（［笑いながら］必要だったらいつでも言って。洗濯して貸してあげる。）　【肯定】

韓女C　으하하하《ウハハハ》・（うははは。）

これはCがDの服装をほめた部分のやりとりだが、CがノースリーブのR服をかわいいとほめたのに対し、まずDは〈언제든지《オンジェドゥンジ》　말해《マレ》〉（いつでも言って）と答えている。この表現は言い換えれば「どんどんほめて」というよう

な意味になり、相手のほめを積極的に受け入れる発言だ。「ほめてもおごらないよ」などと言う冗談めいた応答に比べても、自信たっぷりに聞こえる応答だが、これは自己自慢であると同時に、その場の雰囲気を和ませる機能をも持っているだろう。その証拠に二行目のDの発言を受けて、Cは笑いつつも〈オーオー〉と感嘆の声をあげている。ここでDはさらに、〈いつでも言って〉とくり返しているが、こうしたやりとりは特に親しい間柄では親しさを確認する手段としても使われている。さらにCがDのノースリーブをうらやむ発言をすると〈洗濯して貸してあげる〉と冗談を言い、Cを笑わせている。

誰かにくり返しほめられた際、そのほめをずっと受け入れればそれは「自慢」とも受け取られかねない。しかしこの会話例にも見るように、韓国人は仲の良い相手との会話においては、遠慮をして相手と距離を取るよりも、積極的に相手のほめを助長し、さらに冗談を言うなどして全体的に会話をポジティブ・ポライトネスの方向に運んでいることが見て取れるだろう。第II章でも触れたように、韓国社会では自分の意志を率直にはっきりと伝えることに価値がおかれるのだが、会話を通して積極的に自分をアピールしようという傾向がこんなところにも表れていると言える。

こうした傾向は「ほめ」に限った現象ではない。たとえば日本語と比べて韓国語は、人をけなしたり罵倒する表現が非常に豊かである。日本語だとせいぜい「バカ、アホ、ノロマ」くらいしか思いつかないところ、韓国語だと〈車に片足轢《ひ》かれてこい〉とか〈雷にでも打たれてしまえ〉といった具合にありとあらゆる表現が使われる。こうした罵倒表現は、本気で使われる場面もあるが、同時に韓国人は互いに激しくけなしあったりする行為を通じて、「そうしたことが言える仲」であることを確認しているのだ。ほめとそれに対する応答も同様で、ほめとそれを受け入れる行為を楽しむ行為を通して、親しい仲が確認されているのだ。

〈8〉〈一つ釜の飯を食う〉

●韓国社会にはない「ボケとツッコミ」

ほめへの返答の調査に見られたように、一見それほど違いがなさそうに見える日韓間の言語行動も、表2や表3のように細かいところまで探っていくと、それぞれの言語観や人間関係への意識が浮き彫りにされてくる。例えば「ほめ」という言語行動それ自体は、ポジティブ・ポライトネスの働きを持つとされるのだが、「ほめ」に対する応答を見ると、日本人では最終的にそれを否定する、韓国人では逆に肯定しようとする方向性がそれぞれの特徴として見られた。しかし、先に述べたようにこのことは日本人が控えめで韓国人がずうずうしいということを示すのではない。むしろことばを通した人間関係の作り方において、韓国人は「ほめとその応答」という言語活動を積極的に利用して、親しみを表現するストラテジーをとっているのだろう。

これに対して日本人は、「ほめへの応答」をそれほどポジティブ・ポライトネスの形で利用してはいない。また韓国語のように豊かな罵倒語を使用して人間関係の絆を作ることもないようだ。しかし韓国人にはあまり見られない言語行動のストラテジーとして、日本人の会話ではいわゆる「ボケとツッコミ」の談話パターンが挙げられる。関西を基点として全国的に広まってきている「ボケとツッコミ」とは、基本的に二人以上での会話において、常識から逸脱した発言をする「ボケ役」と、真っ当なものの見方をする「ツッコミ役」がそれぞれいて成立する。「大阪の人が二人集まると漫才になる」という言い方を指して、尾上（一九九九）は大阪の人が二人集まると、「ボケ」と「ツッコミ」の役割をそれぞれが分担して、共同作業で会話を構築するという。つまり自分がボケれば相手がツッコみ、逆に相手がツッコみやすいように自分は敢えてボケるといった具合だ。こうしたボケとツッコミを実現できることが日本人にとって、親しい間柄を確認する作業にもなっているのだ。

インターアクションの場面ごとに互いの役割を把握し、機敏に対応することから生まれる掛け合いとしての「ボケとツッコミ」の妙は、漫才ブームやメディアの影響も手伝っていまや人々の会話において幅広く見られる。さらにゲームセンターでは、プレーヤーが漫才のツッコミ役になりボケ役の人形相手に漫才を行う、「ツッコミ養成ゲーム」ならんものまで登場している。しかしこうしたボケとツッコミのやりとりは、韓国社会では見られない形式だ。

一昨年《いっさくねん》、日本の『ニュースステーション』という報道番組に、韓国の若手女優の全智賢《チョンジヒョン》が生出演した時のことである。彼女は司会の久米宏のインタビューを受けていたのだが、予定されていた時間より長く、また予定外の内容について話し、放送時間がギリギリになった。その時久米宏が全智賢《チョンジヒョン》の頭を多少からかうようにポカッと叩いたのだが、それが韓国でちょっとした物議を醸した。日本では年上が年下の言動に対するツッコミとして、ことばだけでなく頭を小突いたりする非言語行動で応じることがよくある。舞台やテレビの芸人が用いる「ハリセン」はツッコミの行為を具象化したものとも言えるが、日本人視聴者の目には別段珍しくもないこの行為は、韓国では不必要な暴力として受け取られたのだ。実際に、全智賢《チョンジヒョン》自身も頭を叩かれてムッとした表情を見せていたのが印象的だった。

相手のほめを受け入れる、冗談を言う、相手の発言にツッコミを入れる、そして、互いにけなし合う。どれも自分と相手とが同じ共同体に属することを確認する言語作業になりうるが、文化によってその使われ方が異なることから、同じ効果を期待することはできないのだ。

日本語に「同じ釜の飯を食う」という諺があるが、韓国語にも同様に〈一

つ釜の飯を食う〉（한《ハン》 솥밥을《ソッパブル》 먹다《モクタ》）という諺がある。双方、起居を共にする親しい仲間のことを指すのだが、誰が同じ釜、一つ釜から一緒に食べていいのか、また遠慮がちに食べるのか、冗談を言ったりけなしあったりしつつ食べるのか、日本人と韓国人が思い描くこの諺のイメージにはひょっとしたら目に見えない違いがあるのかもしれない。

ちょっと勉強 6

日韓の姓名比較

姓名は、社会生活を営む上で自分と他人を区別する一種の標《しるし》である。姓は自分が帰属する〈家〉を表し、名は〈家〉の他の成員と自分を区別する記号である。姓の種類はどれくらいあるのか。また子どもを名づける時、どのような意識が働くのか。恐らく命名には様々な社会的・歴史的要因が影響していると思われる。姓名に関して日本と韓国を比較することで両国の社会の特質を考えてみたい。

▼姓の歴史

歴史上、貴族・豪族にとどまらず、一般庶民が姓と名を併せ持つようになった最初の例は古代中国であろう。これは紀元前五世紀に孔子が編述した『春秋』や『論語』、司馬遷の歴史書『史記』の紀元前二～三世紀の秦時代に関する記述から豊富にその事例を挙げることができる。

中国の東に隣接する韓国では、中国の影響を早くから受けて、五六五年、新羅第二四代の眞興王が金姓を称して、金眞興を名乗った。しかし、上層貴族間に家姓の使用のきざしが見えたのは、それから百余年を経た七世紀後半のことである。そして、九三六年高麗朝が新羅・後百済を滅ぼして統一国家を樹立するに及び、すべての一般庶民に姓の使用を奨励してその普及を図った。姓氏の制度を新羅眞興王が用いて以来、庶民の間に普及定着するまで実に長い年月を要したのである。

日本では、明治八年（一八七五）二月一三日に太政官布告によって全国民に姓を用いることが義務づけられた。それまでは、公家、武家、神官、医者および特に許された名主、富豪以外の95％近い一般庶民には姓がなく、たとえ姓があっても、「二字の禁」と称して、旧幕府の統治下では公然と名乗ることを許されていなかったのである。中国およびそれに隣接する一部の地域を除けば、姓の使用が庶民の間にまで一般化したのは一九世紀からであると言われている。

しかし現在も家の名、すなわち姓にあたるものを持たない人々も少なくないのである。たとえばビルマ人の全部、インドネシア人の95％、マレーシア人の大部分、多数のアフガニスタン人、西パキスタン人の相当数およびラオス人の約30％などが、個人名のみを用いて社会生活を営んでいるという（島村一九七七）。

▼姓名と社会性

韓国では、祖先を崇拝する儒教精神が強い。祖先の名前にただ二世、三世などとつけるだけで、同じ名前を反復することの少なくない欧米人とは違い、祖先の名前を軽々しく口にすることは韓国では大変不敬なことと見なされる。やむを得ず、祖先の名前に言及しなければならない場合は、たとえばその名前が「光植」であるならば、そのままの形では言表せず、「光の字、植の字」とくぎって言い表すか、または解字をして「ひかりの光と、木編に直の字」という具合に表現するのである。祖先の名前を神聖なものとする韓国人には、したがって祖先の名に因《ちな》んで子どもを名付けることなどもってのほかで、しかも、命名にとどまらず、祖先の名前と同じ字が使われた官職に就任することさえ、憚《はばか》ることが少なくなかった。

これに対して、日本では源氏ならば、〈義〉〈朝〉、平家ならば〈盛〉、豊臣ならば〈秀〉、徳川ならば〈家〉、天皇家ならば〈仁〉のごとく、名前の中に代々同じ字が継承されたり、あるいは祖先伝来の名前を全くそのまま子孫が何代目何某というように襲名する風習がある。同じ字や同じ名前を伝えることで、先祖から子孫へと受け継がれてきた〈家〉の絆を深めようとする願いが、おそらく根底にあるのだろう。

▼姓の数・姓名の字数

日本では、姓のほとんどが地名と密接な関係にあり、『日本姓氏大辞典』によると全国でおよそ十三万の姓が確認されている。日本の姓氏は中国の三千五百種（一九九九年現在）、韓国の二八六種（二〇〇〇年現在）などに比べて際立って種類が多い。これはおそらく世界一であろう。

なお、日本の十大姓（鈴木、佐藤、高橋…）が総人口の10％くらいを占めるに過ぎないのに対して、韓国の十大姓（金、李、朴…）は約66％を占める。ちなみに、中国の場合は「李、王、張」の三大姓が22・4％を占めている。

つまり、日本では姓がバラエティに富んでおり同姓の比率もそれほど高くないので、紛れるおそれが少ない。よって、初対面のあいさつを交わすときや、自己紹介の時などに「井出です」と姓だけを言うことが多い。しかし、韓国人の場合は姓の種類が少なく同姓の者が著しく多いため、その紛らわしさを避けるため「任栄哲です」というようにフルネームを名乗るのが普通である。

　韓国の姓はほとんどが一字姓であり、復姓といって二字姓もあるが極めて少ない。三字以上の姓はない。名は一字名、二字名、三字名があるが、最も多いのは二字名である。

　日本人の姓は二字姓が全体の85％で九万種と言われており、名も一字名、二字名、三字以上と様々である。したがって、韓国人の目には、たとえば「金田一春彦」のような姓名の場合、どこまでが姓でどこからが名であるか紛らわしく映る場合があるのである。

▼姓と女性

　女性が結婚した場合、夫の姓を名乗るか、妻の姓を用いるか、夫婦いずれかの姓を任意に選択するか、夫婦別姓として従前通り婚前の姓を名乗るか、夫と妻の姓をつないで並べて名乗るか、事情は国によって異なる。が、韓国は、男系の血統を重んじる儒教の家族観の影響が強く、女性は結婚しても生来の姓名は終生変わらないのが特徴である。

VII

「君」と〈군《クン》〉

〈1〉〈おばちゃん〉がましか、〈ジュリのお母さん〉がましか

●個人名で呼ばれなくなる嫁

高層アパート群の立ち並ぶソウルの居住区にて、ある日筆者（井出）が帰宅途中のことである。買い物のビニール袋を下げて自宅のある棟へと歩いていると、背後から子どもの声がする。〈아줌마《アジュンマ》！〉（おばちゃん！）と呼ぶ声が何度か聞こえたのだが、構わず歩き続けていると後ろから足音がついて来る。「もしや!?」と思って振り向くと、子どもたちが呼び掛けている当の相手は自分自身ではないか。友達の家かなにかを探している小学生の男の子二人組だったのだが、集合住宅の棟のありかを教えてあげると元気に走り去っていった。

思えば自分は立派な三〇代であり、小学生から見なくてもれっきとした「おばちゃん」である。しかし異国の地で始めて呼ばれる〈아줌마《アジュンマ》〉（おばちゃん）には、かなりきついものがあった。〈아줌마《アジュンマ》〉ということばには、短くした髪にパーマをあて、細かい花柄の〈치마《チマ》〉（スカート）を風になびかせ、元気に町を闊歩する韓国のおばちゃんのイメージがあったからだ。帰りの買い物袋がずっしりと重く感じられたことは言うまでもない。

後日、知人に〈아줌마《アジュンマ》〉と呼ばれたショックを打ち明けたところ、彼女は「〈おばちゃん〉もショックだろうけど、これもかなりショックですよ」とこんな話をしてくれた。在日韓国人の彼女は大学院進学にあたって韓国に来て、卒業後韓国人と結婚をし、ほどなく女の子を産んだのだが、子どもを産む前と産んだ後で、家族からの呼び方が変化したと言う。娘が産まれる前、彼女は同居しているご主人の両親から〈윤순《ユンスン》〉という名前に呼格助詞の〈아《ア》／야《ヤ》〉をつけて〈윤순아《ユンスンア》〉と愛称のように呼ばれていた。日本でいえばさしずめ「○○ちゃん」といったところだろうが、これは目上が目下を親しみを込めて呼ぶ時に使う呼称だ。しかし、長女に当たる子どもが産まれると、それまで呼ばれていた愛称ではなく、〈주리《ジュリ》〉という娘の名前に「お母さん」の意味の〈엄마《オンマ》〉を付けた〈주리《ジュリ》 엄마《オンマ》〉（ジュリのお母さん）と呼ばれるようになったのだと言う。

日本でも知り合いや、子どもを通じての付き合いがある相手から「○○君のお母さん」、「△△ちゃんのお父さん」と呼ばれた経験を持つ人はいるだろう。事実、子どもの名前しかわからない時などには、こうした呼び方をしてもおかしくはない。しかしながら、かつては名前や愛称で呼ばれていたのに、

子供ができるとこのように同居している家族から子どもの名前をつけて呼ばれることは、日本ではあまりないことだろう。だが韓国の家庭では嫁の立場にある女性は、ひとたび子どもが産まれると、個人の名前はどこかへ行ってしまい、周りからは子ども（長男または長女）の名前に〈お母さん〉をつけた形で呼ばれる。それも舅・姑からはもちろんのこと、旦那も妻をこのように呼ぶようになるのだ。さらに〈주리《ジュリ》 엄마《オンマ》〉（ジュリのお母さん）という呼び方だけでなく、〈주리야《ジュリヤ》〉と、子どもの名前に〈아《ア》〉や〈야《ヤ》〉をつけて母親を呼ぶこともかなり多い。この傾向は子どもが大きくなるまで続くというのだが、子どもの名前で家族から呼ばれると、母親は自分が呼ばれているのかそれとも子どもが呼ばれているのか、判断に苦しむという話だ。

こうした既婚女性の苦労は日本では耳にしないが、かつて韓国の特権階級であった両班《ヤンバン》層では、女性が家庭外の社会と接する機会は非常に制限されており、そのため女性が個人名で呼ばれる機会も極めて少なかったという。さらに嫁いだ後の婦人に対しては、個人名は使わないのが韓国の古くからの慣わしでもあった。既婚女性は普段「宅号」と呼ばれる、実家の所在地名に〈宅《テク》〉をつけた名称で呼ばれていたというのだが、こうした伝統は韓国の家庭内にまだまだ根強く残っているのだ（羅聖淑《ラソンスク》 一九九二）。

ではこうした違いの他に、自分や相手について話したり、呼んだりする際に使う呼称と人称詞には、日韓でどのような違いがあるのだろう。

〈2〉日韓の人称と呼称の相違点

●日本語より複雑な韓国語の親族名称

欧米諸語に比べると、日本語と韓国語は呼称や人称詞の体系が発達している方だと指摘されて久しい。前述のように二つの言語間には違いも見られるものの、同時にかなり似通った特徴も見られる。渡辺・鈴木（一九八一）にもあるように、日本語の人称代名詞にも韓国語のそれにも、「場所」から転じたことばが多い。例えば日本語には「この方」、「その人」、「あの奴」が転じた「あいつ」など、場所を示す「コソア」に名詞をつけた代名詞が豊富である。同様に、韓国語にも「コソア」と似た意味機能を持つ〈이《イ》・그《ク》・저《チョ》〉に名詞をつけた〈이쪽《イチョク》〉（こちら）、〈그《ク》 사람《サラム》〉（その人）などといったことばが人称詞として使われる。

例えば電話をかけた際に、相手から〈실례지만《シルレジマン》 어디세요《オディセヨ》？〉と尋ねられたとしよう。この表現は、文字通り訳せば「失礼ですが、どこですか？」となるのだが、この時の〈어디《オディ》〉とは場所を表す「どこ」の意味ではなく、人を指し示す「どちら様」の意味になるのだ。日本語でも相手に直接尋ねる場合、「誰ですか」と聞くよりも「どちら様ですか」と「場所」を示すことば

を用いると丁寧度が高くなるが、これは韓国語でも全く同じなのだ。

　こうした共通点の一方で、日本語と韓国語の呼称と人称詞には相違点も多い。第一に、日本語に比べて韓国語の呼称では、親族が呼び合う際の呼称の複雑さが際立っている。例えば、日本語の「おば（叔母／伯母）」に当たる韓国語の呼称は、相手が父の姉妹の場合は〈고모《コモ》（姑母）〉、母の姉妹の場合は〈이모《イモ》（姨母）〉、父の兄弟の妻に当たれば〈숙모《スンモ》（叔母）〉、母の兄弟の妻なら〈외숙모《ウェスンモ》（外叔母）〉と、呼び方が四通りにもなる。これは父方・母方による呼び方の区別の他に、血のつながりがあるかどうかによって呼称が異なることが関与している。こうした親族呼称の体系的違いについて、金田一（一九九一）は中国の親族呼称を例に「いとこ」の呼称の複雑さについて触れ、中国では「同じ苗字の親戚は互いに結婚できず、いとこが厳密にどのいとこであるかを区別することが重要」であることが呼称の複雑さの原因だとしている。韓国語の場合も、中国語と同様の歴史的原因を指摘する声があるが、いずれにせよこうした親族名称をきちんと使い分けられないと、教養がなく非常識な人間としてみなされる。そのため、特に結婚した女性は嫁ぎ先で相手を正確な呼び名で呼ぶことに苦心するという。「おじさん」、「おばさん」、

もしくは「○○のおじさん」、「△△のおばさん」で済んでしまう日本とは大違いだろう。

●親族名称の拡張使用

第二に、韓国語の特徴として親族関係にない相手にも、親族呼称を拡張して使うことが挙げられる。韓国人は血縁関係のない相手でも、近い関係にある人を実の兄弟を呼ぶ時と同じ呼称で呼ぶ。男性の後輩が男性の先輩を呼ぶ時は〈형《ヒョン》〉（兄さん）、女性の先輩を呼ぶ時は〈누나《ヌナ》〉（姉さん）、女性の後輩が男性の先輩を呼ぶ時は〈오빠《オッパ》〉（兄さん）、女性の先輩を呼ぶ時は〈언니《オンニ》〉（姉さん）という具合である。日本でも特に関西など地域によっては、友人関係や知り合い関係でこうした親族呼称の拡張利用がされる。しかし、韓国では会社の同僚の間などでもこうした兄弟呼称が使用され、日本に比べてより日常的に、そして広範囲で親族名称が適用されていると言えるだろう。劉《リユウ》孝鐘《ヒョウチョン》（一九九四）はこうした状況を韓国近代史の中で論じているが、主に朝鮮戦争の時期に家族が離散せざるを得なかったことから、血縁関係を持たない他人同士が血縁に準じた付き合いを通して、互いに助け合うようになった

のだと捉えている。

一方、日本語の呼称と人称詞の特徴も様々であるが、特に韓国語と比べると、女性・男性による人称詞の区別が多い。「あたし」、「俺」といった自称詞もその例だが、歴史的に女房詞や遊女語、武士ことば《ことば》などを代表とする位相語が発達した日本語ならではの現象だといえるだろう。また、男女差に限らず日本語の方が、総体としての人称詞のバラエティーが多いとも言われているが、こうした違いについてもう少し具体的に見てみよう。

〈3〉「クレヨンしんちゃん」と〈짱구《チャング》〉

●母親を呼び捨てするしんのすけ

韓国では日本のマンガが韓国語に翻訳され、また日本製のアニメが韓国語に吹きかえられて日常的に放映されている。韓国で放映される日本アニメは、音声のみならず画面に映る日本語も基本的にすべてハングル文字に直されるため、『未来少年コナン』や『スラムダンク』を韓国製のアニメだと思って育った韓国人も少なくない。しかし、一九九八年から開始された日本の大衆文化の解禁に伴い、現在では日本のアニメやマンガを日本製と知りながら楽しむ世代が増えてきている。

臼井儀人の人気マンガ『クレヨンしんちゃん』（一九九二年度初版発行）もその一例で、韓国では《짱구는《チャングヌン》 못《モッ》 말려《マルリョ》》(訳：「チャングは止められない」)という題名で知られている（ちなみにこの本は二〇〇〇年十二月からは《크《ク》레용《レヨン》 신짱《シンチャン》》の題名で販売されるようになった）。このマンガの主人公は「しんのすけ」という名前の幼稚園児なのだが、韓国語版ではおでこが突き出たような頭の形を指す〈짱구《チャング》〉ということばが主人公の名前になっている。짱구《チャング》という名前は「しんちゃん」の「ちゃん」の音を似せたものだとする説

『クレヨンしんちゃん』原作と韓国語版
韓国語版は絵が逆版になっている。
『クレヨンしんちゃん』©臼井儀人／双葉社

もあるらしいが、いずれにせよマンガだけでなくテレビアニメとしても放映される人気作品には違いない。物語はしんのすけの生意気で奇抜な言動が引き起こす日常の騒ぎを中心に展開するのだが、園児が発するには過激と思われることば遣いや性的な描写を含むことから、韓国語の翻訳本は〈18歳未満講読可〉の「子ども用」と、〈18歳以上講読可〉の「大人用」とが区別して販売されている。

日本で『クレヨンしんちゃん』がテレビ放映された際、瞬く間に幼稚園児や小学生の間でしんのすけのしゃべり方がブームとなった。親や祖父母世代からすれば、自分の親や知らない人を「あんた」と呼び捨てにするしんのすけの態度は、見ていて違和感のある衝撃的なものだったのだが、子ども世代の間では評判がよかったようで、しんのすけの鼻にかかった独特の声色とともに彼の話し方を真似る子どもが続出した。そうした中、韓国語版の짱구《チャング》は一体どのような話し方をしていたのだろうか。

表1　しんのすけの自称詞と他称詞の種類と使用頻度の日韓比較

『クレヨンしんちゃん』（日本語原作）			
	しんのすけ	母親	父親
しんのすけ	オラ（18） 自分（1）	母ちゃん（27） おまえ（4） あんた（3） ママ（1） おば（1） みさえ（1）	父ちゃん（12） パパ（1） こいつ（1） あんた（1）
合計数	19回	37回	15回
《짱구는《チャングヌン》 못《モッ》 말려《マルリョ》》（韓国語版）			
	짱구《チャング》	어머니《オモニ》（母親）	아버지《アボジ》（父親）
짱구《チャング》	나《ナ》（34）	엄마《オンマ》（38） 당신《タンシン》（2） 영란씨《ヨンランシ》（1） 아줌마《アジュンマ》（1） 너《ノ》（1）	아빠《アッパ》（18）
合計数	34回	43回	18回

（注）徐潤純（1999）の表を改定して作成

徐潤純《ソユンスン》（一九九九）は、日本語版と韓国語版のマンガ『クレヨンしんちゃん』（第一巻）を資料に、主要登場人物であるしんのすけとその両親が、互いにどのように呼び合っているかを調べている。表1は日本語版のしんのすけと韓国語版の짱구《チャング》が自分自身をどう呼び（自称詞）、さらに母親と父親をどのように呼んでいるか（他称詞）を拾い出してまとめたものである。

まず、日本語版と韓国語版を比べると、日本語版の方が自称詞・他称詞共にその種類が豊富であることがわかる。例えばしんのすけが自分自身を呼ぶ時は「オラ」（18）と「自分」（1）の二種類の自称詞が使われている。しかし、짱구《チャング》では

〈나《ナ》〉（私、ぼく）（34）の一つだけしか使われていない。同様にしんのすけが母親と父親を呼ぶ他称詞も、母親に対しては六種類、父親に対しては四種類のところ、韓国語版ではそれぞれ五種類と一種類で少なくなっている。

　次に、具体的な呼称の内容を見てみると、しんのすけは基本的に母親を「かあちゃん」と呼んでいるものの、場面によっては母親を「ママ」、「おまえ」そして一回だけとはいえ「みさえ」と名前で呼び捨てにしている。鈴木（一九七三）は日本人の親族間の自称詞と他称詞の使用上の規則性についてまとめているが、そこには「話し手は自分より年長の相手を名前だけで呼ぶことはできない」という規則が述べられている。これに従えば、子どもであるしんのすけが母親を「みさえ」と呼び捨てにすることは、呼称の規則に違反する行為である。しかしこうした規則破りの呼称は『クレヨンしんちゃん』だけに見られる傾向ではない。『ちびまる子ちゃん』で知られるさくらももこの漫画やエッセイでも、子ども時代の回顧などのシーンで、作者の父親は、娘のまる子から「ひろし」と呼び捨てにされている。幼少時代のまる子は、実際に父親と面と向かって話したり、母親に父親のことを尋ねるシーンでは、父親のことを「ひろし」とは呼ばず「お父さん」と呼んでいる。しかしながら、一人の大人として成長したまる子が子ども時代を回想して語るナレーションの部分では、父親は呼び捨てされているのだ。「お父さん」と呼ばれる時に比べ、「ひろし」と呼ばれる父親は、父親という家族の中での役割より、あくまでも一個人として扱われており、彼のとぼけた性格や少し頼りないキャラクターをうまく引き出す、ことばの上での演出だと言えるだろう。

〈4〉父親の威信

●父親を「こいつ」呼ばわりするしんのすけ

一方韓国語版で設定上〈영란《ヨンラン》〉と名づけられた母親は、짱구《チャング》から基本的に〈엄마《オンマ》〉（母さん、母ちゃん）と呼ばれている。その他にも〈당신《タンシン》〉（あなた、あんた）といった呼び方もされているものの、名前だけで呼び捨てにされる場面は出てこない。その代わり〈영란씨《ヨンランシ》〉と、名前に〈씨《シ》〉（さん）をつけた「さんづけ」の場面が一度出てくる。しんのすけの「みさえ」発言に比べてずっと丁寧な呼び方がされていることが分かるだろう。韓国社会では、どんなに仲の良い親子でも、子どもが親を呼び捨てにする行為はまだまだ受け入れられないことの表れかもしれない。

相手が父親の場合、この傾向はさらに顕著である。しんのすけは父親を「父ちゃん」の他にも、場面によっては「こいつ」、「あんた」といった相手を卑下するような他称詞でも呼んでいる。しかし짱구《チャング》は、父親を一貫して〈아빠《アッパ》〉（父ちゃん、父さん）と呼んでいる。これは韓国の一般的幼稚園児が父親を呼ぶ時の呼称そのものだ。さすがに呼び捨てにはしていないものの、짱구《チャング》が母親のことを〈너《ノ》〉（お前）、〈아줌마《アジュンマ》〉（おばちゃん）と呼んでいるこ

とを考えても、韓国は父親の権威が日本に比べ、そして母親に比べて依然として強い社会だと言えるだろう。

●自称詞が多い韓国語版のしんのすけ

以上のように『クレヨンしんちゃん』に現れる呼称や自称詞・他称詞を比べると、その種類は日本語の方が多かった。しかしついでながら、自称詞と他称詞が実際に出現する回数を見ると、日韓の立場は逆転している。例えば、しんのすけが使った「オラ」、「自分」といった自称詞は合計19回現れているところ、짱구《チャング》では34回になり、実に1・8倍の多さである。さらにしんのすけが母親を呼んだり母親について言及する回数も、日本語版では37回のところ、韓国語版では43回である。父親の場合も同様で、韓国語での呼称数（18回）が、日本語版のそれ（15回）を上回っている。韓国語版の《짱구는《チャングヌン》 못《モッ》 말려《マルリョ》》は日本語の原本からそのまま翻訳がされているはずなのだが、どうしてこのような違いが生じるのだろうか。

第Ⅲ章の断り表現の箇所でも見たように、日韓談話の違いの一つに、日本語の談話においては主語の「私」が省略されやすいことがある。英語などと比べると、日本語も韓国語も双方文章において主語となる人称代名詞が省略されやすい点で共通している。しかし、「私」のような主語に限らず文末表現やあいさつ言葉などを比べてみても、全体的な傾向として、日本語談話においての方が韓国語談話に比べて省略表現がよく用いられているのだ。日本語に比べ韓国語の方が、発話の上で話し手と聞き手をよりはっきりとことばでもって明示する性格を持つことは前述の通りだが、『クレヨンしんちゃん』にもその傾向は表れているようである。

ここまで相手によって変化する呼称について、主に親子間を中心に見てきたが、ここで筆者（任《イム》）の日本での体験をもとに、さらに呼称が人間関係をどのように位置づけ、変化させるのかについて考えてみたい。

〈5〉「君づけ」で呼ばれたショック

●「君」と〈군《クン》〉

次のエピソードは、筆者（任《イム》）が日本の大学院へ留学した際の経験である。当時任《イム》は三三歳で晩学ではあったものの、一念発起して韓国から日本へ渡り、研究生から留学生活をスタートさせていた。一般に日本の博士課程への進学を志す留学生は、通常一年ほどの研究生期間を経ることが多い。そしてその間、大学院受験のため、日本語や専門分野はもちろんのこと、日本事情や日本文化について学びながらスムーズに日本社会に適応する準備をするわけである。そうした研究生であった留学一年目当時、任《イム》は指導教官から「任《イム》さん」と「さんづけ」で呼ばれていた。その後、博士課程の試験に合格し、院生になってしばらくすると、指導教官はそれまでの「さんづけ」の呼び方を変えて、「任《イム》君」と呼ぶようになった。このことは日本人には特に気にかかることでもないだろうが、当事者の任《イム》は、この「さん」から「君」への変化にかなりのショックを受けてしまったのである。

普通、日本語の非母語話者が日本語の敬称について学ぶ時、「さん」は「君」よりも相手に対する敬意度が高いと教えられる。また一般に、身分に変化が起きて帰属階級が上がると、それに応じて呼称のレベルも上がるものである。しかし、一年間の苦労の末「研究生」から「院生」へと身分が上がったのに、呼び方は逆に「さんづけ」から「君づけ」に敬意度が下がってしまったのだ。研究生を経て晴れて院生になったのに、扱いの上では格下げされたと解釈した任《イム》は、この時密かに――やっぱり韓国人だから差別されたのだ――と不快に思うに至ってしまったのだ。この話は日本語と韓国語との人の呼び方の違いが生んだ誤解の一事例であるが、なぜこのような誤解が生じてしまったのだろう。

一般に「田中君」、「鈴木君」と言うときのような敬称としての「君」は、先生が児童や生徒を呼ぶなり、上司が部下を呼ぶ時のような、年上から年下、目上から目下への状況で使われる。同時に「君」は、同年代同士でも使える敬称で、幼い子どもから大人まで、また職場の同僚間などにおいても、同性、異性を問わず用いられる。

韓国語には、「君」と同じ漢語を語源とする〈군《クン》〉（君）があり、〈金《キム》○○君《クン》〉というように名前に加える敬称として使われる。しかし〈군《クン》〉は基本的に女性によって使われることはなく、男性だけが用いている。また、これは

同年代の者同士で使うことはできない。つまり先生が児童を呼ぶ時や年配の方がかなりの若輩に向かってなど、年齢・世代上の格差がかなり大きい場合のみに用いられるのだ。よって韓国の職場では、上司が部下を、また同僚同士が互いの名前に〈군《クン》〉をつけて呼ぶことはなく、〈金部長様《キムブジャンニム》〉のように「名字＋職位名＋敬称」で呼んだり、「さん」に近いニュアンスをもつ〈씨《シ》〉（氏）をつけて〈名前＋씨《シ》〉、もしくは〈名字＋名前＋씨《シ》〉（たとえば〈金大中《キムデジュン》さん〉）などといった形式で呼び合う習慣にある。

つまり韓国語の〈군《クン》〉が、年齢や世代を基準とした絶対的上下関係を軸に使われているのに対し、日本語の「君」は上下関係に限らず同年代同士でも使われており、その使われ方は〈군《クン》〉より広いわけだ。したがって同じ漢語を語源とし、音まで似ていることばでも、「君」と〈군《クン》〉とでは実際の言語生活における使われ方、つまり語用論的ルールが違うのである。

この「君」と〈군《クン》〉の使われ方の違いから見れば、韓国人の任《イム》にとって、研究生時代に丁重に「任《イム》さん」と呼ばれていたのが、院生になって「任《イム》君」とされたことは、正式に組織に入った途端に「お前は目下だ」と決めつけられたような出来事だったわけである。

〈6〉ウチとソトによる呼び分け

●「さんづけ」「君づけ」の舞台裏

このように「君」と〈군《クン》〉で使われ方に違いが生じる背景には、日本と韓国の文化・社会的な違いが影響している。前述の指導教官は、任《イム》の呼び方を「さんづけ」から「君づけ」に変えたのだが、そこには目上・目下の意識以上に、日本人のウチ・ソト意識が関与していたようだ。

前述のように任《イム》は研究生の時「さんづけ」で呼ばれていたのだが、いわゆる研究生は入試に失敗した場合、浪人するか帰国するか、あるいは他大学を受験するしかない所属の不確かな存在である。そのため、先生と研究生との人間関係は曖昧かつ不安定で、先生としては研究生をソトの人間として扱わざるを得ないところがある。しかし合格者はそうはいかない。師弟関係を結び、時間をかけて指導をしていく院生は、先生にとっていわば身内的な存在となる。したがって指導教官は、「さんづけ」していた学生をある時期から「君づけ」で呼ぶことにより、相手がソト領域からウチ領域に入った、つまり院生として組織の中に受け入れられたことを指し示したのである。

このことは日本人が、目上か目下かの上下関係のみならず、ウチ・ソトの

いずれかのカテゴリーに所属するかによって、相手を呼び分ける傾向が強いことを示している。第Ⅵ章でも述べたように、韓国社会にもウチ・ソト意識に対する〈우리《ウリ》〉と〈남《ナム》〉意識はあるものの、日本語ほど頻繁に呼び名の上での使い分けは行われていないようなのだ。

さらに日本語では、同じ相手をその場の状況や、親密度によって「さんづけ」したり「君づけ」したり、「呼び捨て」、もしくはあだ名で呼んだりもする。こうしたスタイル・シフトを通して、人間関係上の心的距離の微調整を行っているのだ。例えば、普段「父さん」と呼んでいる父親を、何か買ってもらいたいような時やふざけた態度を取りたい時だけ「パパ」とか「おっとさん」などと呼んだりするのもその例だろう。しかし、韓国語の談話において、このようなスタイル・シフトが行われることは、日本語談話に比べれば比較的少ないようだ。場面や相手によって呼び方を変化させることは、「あだ名」の多さにも見られるように、日本人にとって帰属意識を確認する大切な手段でもあるのだ。

さて日本での生活が長くなり、ウチ・ソトによる呼び分けにも次第に慣れると、任《イム》は指導教官から「さん」づけで呼ばれると何となく緊張感を覚え、心理的に距離を感じるようになる一方で、「君」で呼ばれると、安心してリラックスできるようになったのである。

〈7〉傲慢そうに見えた日本人

●呼称のスタイル・シフト

月日は流れ、任《イム》は日本での留学生活を終えて帰国し、韓国の大学で教鞭をとるようになった。それからしばらくして、韓国の学会の招きで前述の指導教官が訪韓され、久しぶりの師弟再会と相成った。基調講演を行った指導教官は、学会という公の場ではかつての教え子の任《イム》を「任《イム》先生」と呼んでいた。しかし、会が終ってから院生を交えた酒の席に座が移ると、今度は親しみを込めて「任《イム》君」とスタイル・シフトをして任《イム》を呼び始めたのだ。今は大学教授でもかつての指導教官から「君づけ」で呼ばれると、任《イム》は懐かしい日本の日々が思い出されなんとも温かい気持ちになった。ところが、その時そこに居合わせた院生たちが、後日この時のことについて触れ、日本人の先生が任《イム》を「君づけ」した姿にショックを受けたと語ったのだ。いわく、この指導教官がいかにも人を見下しているようで、傲慢そうに見えたと言うのだ。

一般に韓国の大学の先生は、年上から年下へは〈○선생《ソンセン》（先生）・○교수《キョス》（教授）〉、年下から年上へは〈님《ニム》（様）〉という敬称をつけて〈○선생님《ソンセンニム》（先生様）・○교수님《キョスニム》（教授様）〉、もしくは〈職位名＋님《ニム》（様）〉と呼ぶのが常で〈씨《シ》〉

を使うことはあり得ない。いくら目上の立場でも、相手を〈씨《シ》〉をつけた「さんづけ」で呼ぶことは、己の絶対的権威を相手に振りかざすような傲慢な態度となる。そのため、たとえ同じ教授同士でも、教授が教授を〈씨《シ》〉呼ばわりすることは韓国社会では大変無礼な行為とみなされるのだ。「君づけ」においてはなおさらである。

しかし場所が酒の席に移った途端、指導教官が「任《イム》先生」から「任《イム》君」へのスタイル・シフトをしたことには、日本人の立場からすると次のような効果があったとは言えないだろうか。まず「君」を使うことにより、教え子との上下関係よりも、むしろ過去における二人の共通の帰属を確認し、それによってウチ意識を高めている。さらには、韓国の院生という第三者を交えた場面で、敢えて任《イム》を「君づけ」することにより、二人の帰属意識と仲間意識を周りにも指し示したと考えられる。加えて、呼び方の上でのスタイル・シフトを行うことにより、公的な学会の場に比べ、私的でインフォーマルな空気を目上の方から率先して醸し出し、場を和ませる効果もあったと考えられるだろう。

他方韓国社会でも、同じ年代の親しい間柄の先生同士であれば、酒の席な

どのくだけた場では、相手を職位で呼ぶ代わりに愛称などで呼ぶことが多い。日本の場合は親しい間柄の先生なら、名前に「君」や「ちゃん」をつけて親しみを表す場合もあれば、時として愛称で呼び合う人もいるだろう。一方、韓国では親しい間柄同士の者は前述のように名前に呼格助詞の〈아《ア》／야《ヤ》〉をつけて呼ぶことができる。よって名前が栄哲《ヨンチョル》ならば〈栄哲아《ヨンチョラ》〉、朴세리《パクセリ》ならば〈세리야《セリヤ》！〉となるのだ。しかしこうしたスタイル・シフトは、同僚二人だけの極めて私的な場において可能なことで、公の場や第三者、特に目下の面前では普通許されない。

つまり、同じ呼び方の上でのスタイル・シフトでも、目下を交えた場面において、韓国では上下関係に配慮したことばを選択するのに対し、日本では上下関係よりもウチ・ソトの帰属を強調したことばの選択が可能なわけだ。このことは、同じスタイル・シフトでも、それが行われる社会や文化によっては、その方法が異なることを示していると言えるだろう。

ここに取り上げた誤解のエピソードは韓国人の立場からのものであったが、同じ誤解はもちろん日本人の立場でも起こりうる。これは韓国のある新聞社に勤務していた日本人の記者の話だが、この人は五年も韓国に住み韓国語も流暢に話していたにもかかわらず、いつまで経っても韓国人から〈○○氏〉、または〈○○特派員〉としか呼んでもらえず寂しい思いをしたと言う。日本人の立場からすれば、上司や同僚から「君」づけで呼ばれることはウチ意識の象徴のようなことであり、よって「君づけ」されないことはまるでソトの人として扱われるようなものだったのだ。この日本人記者は、仕事を通じて作った人脈の中で韓国の財閥のオーナーとも親交を深め、個人的に大変可愛がってもらっていたという。だが、その財閥オーナーからも一度として「君づけ」で呼ばれなかった。しかしながら、酒の席でだけは〈おい、○○〉と呼び捨てされたという。韓国人にとって、目下の相手を「呼び捨て」することは「君づけ」するよりまだ心理的に抵抗感が少なく、呼び捨ての方が、かえって親近感が増すと思われていることの表れであろう。

〈8〉箸とチョッカラㇰ ——誤解の回避に向けて

●相互尊重の日韓関係のために

ここまで呼称や人称詞の使われ方を、『クレヨンしんちゃん』と「君」・〈군《クン》〉の事例を中心に見てきたが、表面的に似ていることばでも、それが使われる社会・文化的土壌が違えば、その使われ方もずいぶん異なることが分かっていただけたのではないだろうか。ここで少々視点を変えて、「異文化」としての日韓の違いを、日本と韓国における箸の違いに喩えてみたい。

日本も韓国も同じアジアの箸文化圏に属するが、日本が伝統的に木製の箸を使うところ、韓国では〈젓가락《チョッカラク》〉と呼ばれる金属製（ステンレスや真鍮《しんちゅう》）の箸が使われている。日本人にとっての젓가락《チョッカラク》は、手にした時の感触や、そのツルツルした金属の舌触りに違和感があり、初めはなかなか馴染めないものである。金属の箸で細かい物をつまむのは、木製の箸に比べて難しいし、冷麺《ネンミョン》や炸醤麺《ジャジャンミョン》などの麺類を食べる時も、どうも金属製の箸だとツルツル滑って食べにくい気がする。さらに日本の箸がお膳に対して平行に並べられる一方で、젓가락《チョッカラク》はお膳に対して垂直に並べられる。これはれっきとした韓国のマナーなのだが、お膳に縦に並ぶ젓가락《チョッカラク》は日本人の目には何となく落ち着き

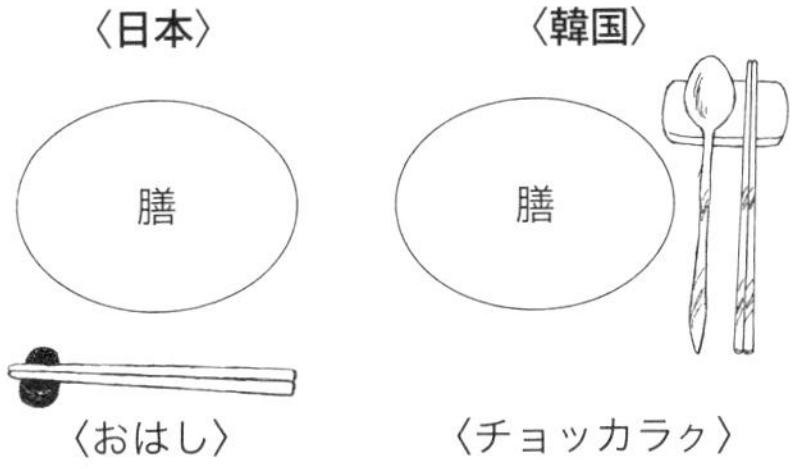

が悪く、筆者（井出）は慣れない時期はついつい並べ方を変えたくなってしまった。

もしこれが西洋料理なら、ナイフとフォークと箸との違いはあまりにも歴然としており、フォークをお膳と平行に並べ直そうとする人はいないだろう。しかし、箸と젓가락《チョッカラク》はその形が似ているからこそ、使われ方や機能についての先入観が入りやすく、よって抵抗感も生じやすいのだろう。日本の典型的な食卓を思い浮かべると、どうも使いにくそうな韓国の젓가락《チョッカラク》ではあるのだが、実際の韓国の食卓は日本のそれと異なるのだ。例えば、〈밥《パプ》〉と呼ばれるご飯は、日本の茶碗より丸みをおびた器に入っており、食べる時は젓가락《チョッカラク》とセットで出される〈숟가락《スッカラク》〉（匙《さじ》）でひと口ずつご飯をすくって食べる。また冷麺を食べる時も同様で、숟가락《スッカラク》がラーメンを食べる時のレンゲのような役割を果たす。さらに、氷の浮いた水冷麺《ムルネンミョン》は普通キンキンに冷やして出されるのだが、金属の箸だと食材の冷たさが伝わりやすく、真夏の昼食時に実に爽やかな食感が楽しめる。また鶏をナツメや高麗人参、栗などと一緒に丸ごと一羽煮込んだ参鶏湯《サムゲタン》という料理を食べる時も、柔らかく煮込んだ鶏から小骨を外す際、金属製の젓가락《チョッカラク》の箸先がなんとも上手く細かい骨まで

スプーンでご飯を食べる

取ってくれるのも事実だろう。

欧米語に比べれば、日本語と韓国語は同じ漢字文化圏に属する類似語である。しかし、箸と젓가락《チョッカラク》に喩えられるように、日本語と韓国語という道具は、その形態が似ていても、それが使われる場面としての文化社会が異なるのだ。日本語であれ、韓国語であれ、英語であれ、手話であれ、ことばを使う際には様々な社会的、文化的要素がその使用に関わってくる。そしてそれは、ことばの体系（文法能力）や、使い方のルール（語用論的ルール）にとどまらない。何よりも使い方のルールが機能し、解釈される場としての社会・文化的知識体系（言語文化能力）があってこそ、ことばは伝えられるのではないだろうか。

木製の箸と金属製の젓가락《チョッカラク》。たとえ最初は馴染みのない道具でも、日本と韓国それぞれの食生活、食文化を体験し、堪能してこそ、箸や젓가락《チョッカラク》は指先や舌先、つまり自分の身体に馴染んでくる。ことばもそれが培われてきた背景としての言語文化体系を知ってこそ、文化に根ざす道具としての真意が味

わえるのかもしれない。

日本と韓国とは似ているが違う。そして似ているからこそ、互いに先入観を抱き、そこから思わぬ誤解や摩擦を招きかねない関係にある。だが、誤解が人間の営みにおいて避けられないものであるのなら、その発生予防の方策の一つとして、誤解の仕組みを解明するのも人間の営みであるだろう。この事実を素直に受け止め、異文化としての日韓の相違を体系として認識してゆく。そうすることが、相手を自分の物差しで計るという過ちを防ぎ、互いを尊重することにつながるのではないだろうか。

あとがき

かつて、筆者任の恩師である故徳川宗賢先生が来韓されて、次のように語ったことがある。「研究者は世の中に関係なく、伝統的なパラダイムに沿って、ただ自分の学問だけをしていればいいという時代は終わり、この辺でもう一度パラダイムの大きな転換があってもいい。言語研究を楽しむ、真理の追求をすることも大切だが、社会に貢献することも考えるべきではあるまいか。これまでの研究成果をどのように社会に役立てるか、足りないところはどこなのか、そういうことを考える時期になっている」。今後の言語研究のあり方を方向づける、福祉と幸福のためのウェルフェア・リングイスティクス（welfare linguistics）の提唱であるが、まったく同感である。

この本に書かれてきたように、日本人と韓国人は、外見や発想方法などに類似するところが多く、共有する文化的な裾野もかなり広い。そのため、箸とチョッカラクに喩えられたように、互いに相手の考え方や行動パターンが自分と同じであろうという先入観が働き、それが思いもよらぬ誤解や偏見の原因となりうる。皮肉なことに、これが外見の異なる欧米人の場合であれば、初めから違うのが当たり前だと考え、かえってコミュニケーションが円滑に運ぶこともあるのだ。

この本では、音韻や文法体系などを対比して考察するいわゆる内的言語学の観点を離れ、日本人と韓国人がコミュニケーションを行う上で摩擦や誤解を引き起こす要因は何か、という言語外の要素に着目する立場をとっている。それは、「日本人はああなのに韓国人はこうだ」、とステレオタイプ化して違いをことさら強調するのではなく、言語運用の背景にある要因を、それぞれの社会・文化の中に徹底して求めていく立場である。互いが色眼鏡をかけて相手を見、相手をカテゴリー化して理解する時代はとうに過ぎ去り、個々の人間関係をより大切にする日韓の新時代が到来したと認識するからである。

日韓の国交が正常化され四十年を経た現在、日韓関係の深まりは二〇〇二年のワールドカップ日韓共催をあげるまでもない。学問の世界も同様で、まえがきに書かれた『朝鮮語のすすめ』に取り上げられていた日本人と韓国人の言語行動の違いは、社会言語学などの理論や方法論に基づき、また社会学や文化人類学の観点から、より体系的に研究されるようになった。本書に取り上げられた日韓の比較研究は、その『朝鮮語のすすめ』以降の二十数年間に日本と韓国の多くの研究者が、真摯な姿勢で積み重ねてきた研究成果の賜物である。解釈の及ばなかったところはすべて筆者の勉強不足によるものであり、各方面からのご批評を仰ぎたい。なお取り上げたくても紙幅の都合上扱えなかった課題も数多くあるが、今後の課題とし、また本書を土台とした今後の研究者の活躍に期待したいところである。

　本書を書くにあたり、大変多くの方々にお世話になった。特に日本女子大学の井出祥子先生、大阪大学の真田信治先生、東京大学の生越直樹先生にはたくさんの励ましのことばを頂戴した。また朴福徳《バクボクトク》氏、韓永玉《ハンヨンオク》氏、権恩淑《クォンウンスク》氏、徐潤純《ソユンスン》氏、崔順育《チェスンユク》氏、李吉鎔《イキルヨン》氏、呉恵卿《オヘギョン》氏、奥山洋子氏、木口政樹氏、大塚俊秀氏、石田滋子氏、高橋正憲氏、永井善久氏、その他ここにお名前をすべて挙げられないのだが、韓国・中央大学校《チュンアンデハッキョ》の院生、卒業生諸氏には本書の草稿に丁寧に目を通していただき、貴重なコメントをいただいた。イラストを描いてくださった柳田千冬氏、また筑波大学の金珉秀《キムミンス》氏には編集作業の際大変お世話になった。この場を借りて厚くお礼を申し上げたい。

この本の構想は、任《イム》と井出が二〇〇〇年下半期に『月刊言語』に連載した「似ていて違う?—ことばと文化の日韓比較」が下敷きとなっているが、その時から大修館書店の小笠原豊樹氏には多くの助言、そして励ましのことばをいただいた。短い連載がこのように一冊の本の形になったのも、すべて氏のお蔭である。さらに東京大学名誉教授の柴田武先生、麗澤大学の梅田博之先生、崎丘学園大学の氏家洋子先生、東洋大学の三宅和子先生、東京国際大学の岡本能里子先生には、連載に際して温かい励ましのお手紙を頂戴した。ここに記して感謝いたします。

この本が、日本人と韓国人が互いに相手を十全に理解しあうための礎石として、日韓友好親善のさらなる進展に貢献するものとなれば望外の喜びである。

二〇〇四年二月七日　国師峰の麓にて

任　栄　哲

参考文献

〈I章〉

李　娥進（一九九八）『あいさつ行動の社会言語学的研究―韓日の大学生を中心に』韓国・中央大学校修士論文

李　殷娥（一九九五）「透明な言語・不透明な言語―韓日の婉曲表現と挨拶表現をめぐって」『朝鮮学報』第一五七輯　朝鮮学会

鈴木孝夫（一九八一）「あいさつとは何か」『「ことば」シリーズ14―あいさつとことば』文化庁

Brown, P. and S. C. Levinson (1987) *Politeness: Some Universals in Language Use.* Cambridge: Cambridge University Press.

Hendry, J. (1993) *Wrapping Culture: Politeness, Presentation, and Power in Japan and Other Societies.* Oxford: Clarendon Press.

〈II章〉

李　善雅（二〇〇一）「議論の場におけるあいづち―日本語母国語話者と韓国人学習者の相違」『世界の日本語教育』第一一号　国際交流基金日本語国際センター

任　栄哲・李　先敏（一九九五）「あいづち行動における価値観の韓日比較」『世界の日本語教育』第五号

国際交流基金日本語国際センター

奥山洋子(二〇〇〇)『質問と自己開示による情報収集の韓日比較―大学生同士の初対面の会話資料をもとに』韓国・中央大学校博士論文

姜　昌妊（二〇〇一）「日韓男女のあいづちの対照研究」『武庫川女子大学言語文化研究所年報』第一三号　武庫川女子大学言語文化研究所

喜多壮太郎（一九九六）「あいづちとうなずきからみた日本人の対面コミュニケーション」『日本語学』第一五巻一号　明治書院

水谷信子（一九九三）「『対話』から『共話』へ」『日本語学』第一二巻四号　明治書院

原谷治美（一九九七）『らくらく話せる韓国語の初歩』日本実業出版会

メイナード・K・泉子（一九九三）『会話分析』くろしお出版

Bailey, B. (2001) "Communication of respect in interethnic service encounters." In A. Duranti ed., *Linguistic Anthropology: A Reader*. pp.119-146, Blackwell Publishers Inc.

Gumperz, J. J. (1982) *Discourse Strategies*. Cambridge: Cambridge University Press.

〈ちょっと勉強2〉

任　栄哲（一九九三）『在日・在米韓国人および韓国人の言語生活の実態』くろしお出版

〈Ⅲ章〉

任　炫樹（一九九九）「日本語と韓国語の断り表現」『ことばの科学』第一二号　名古屋大学言語文化部言語文化研究会

任　栄哲（二〇〇〇）「謝罪行為の社会語用論的一考察」変異理論研究会編『徳川宗賢先生追悼論文集 20世紀フィールド言語学の軌跡』
栗原さや香（二〇〇三）『日本と韓国の「断り」の言語行動比較』筑波大学第三学群国際総合学類卒業論文
直塚玲子（一九八〇）『欧米人が沈黙する時』大修館書店
古田博司（一九九五）『朝鮮民族を読み解く―北と南に共通するもの』ちくま新書
Ide, R. (1998) "'Sorry for your kindness': Japanese interactional ritual in public discourse." *Journal of Pragmatics*. Vol. 29.
Yamada, H. (1992) *American and Japanese Business Discourse: A Comparison of Interactional Strategies*. Norwood, NJ.: Ablex.

〈ちょっと勉強3〉

任　栄哲（一九九三）『在日・在米韓国人および韓国人の言語生活の実態』くろしお出版

〈Ⅳ章〉

生越まり子（一九九五）「しぐさの日朝対照研究―お辞儀について」『日本語学』第一四巻三号　明治書院
金　珍娥（二〇〇二）「日本語と韓国語における談話ストラテジーとしてのスピーチレベルシフト」『朝鮮学報』第一八三号　朝鮮学会
杉山晃一他編（一九九〇）『韓国社会の文化人類学』弘文堂
鈴木　睦（一九九七）「日本語教育における丁寧体世界と普通体世界」田窪行則編『視点と言語行動』くろしお出版

徐　正洙（一九九六）『現代国語文法論』ソウル、漢陽大学校出版院

〈ちょっと勉強4〉
任　栄哲（一九九三）『在日・在米韓国人および韓国人の言語生活の実態』くろしお出版
国立国語研究所（一九八三）『敬語と敬語意識―岡崎における20年前との比較』三省堂

〈V章〉
李　元馥（二〇〇一）『コリア驚いた！韓国から見たニッポン』松田和夫他訳　朝日出版
奥津敬一郎（一九八三）「授受表現の対照研究―日・朝・中・英の比較」『日本語学』第二巻四号　明治書院
金田一春彦（一九九一）『日本語の特質』ＮＨＫブックス
沈　玄姫（二〇〇〇）『日本語の授受表現における誤用に関する一考察―書き言葉と話し言葉における誤用例分析を中心として』韓国・中央大学校修士論文
土居健郎（一九七一）『甘えの構造』弘文社
宮地　裕（一九七五）「受給表現補助動詞『やる・くれる・もらう』発達の意味について」『国文学論攷』桜楓社
Choi, Soonja, and M. Bowerman (1991) "Learning to express motion events in English and Korean: The influence of language-specific lexicalization patterns." *Cognition* 41: 83-121.

〈ちょっと勉強5〉
任　栄哲（二〇〇二）「世界の嘆き〈ことばの乱れ〉―韓国編」『言語』第三一巻九号　大修館書店

〈Ⅵ章〉

李　元馥（二〇〇二）『コミック韓国』（松田和夫他訳）朝日出版
尾上圭介（一九九九）『大阪ことば学』創元社
小倉紀蔵（一九九八）『韓国は一個の哲学である』講談社現代新書
金　庚芬（二〇〇一）『ほめに対する返答の日本語と韓国語の対照研究』東京外語大学大学院修士論文
牧野成一（一九九六）『ウチとソトの言語文化学』アルク
三宅和子（一九九四）「日本人の言語行動パターン―ウチ・ソト・ヨソ意識」『筑波大学留学生センター日本語教育論集』第九号　筑波大学
原谷治美（一九九七）『らくらく話せる韓国語の初歩』日本実業出版会
古田博司（一九九五）『朝鮮民族を読み解く―北と南に共通するもの』ちくま新書
Bachnik, J. and C. Quinn eds., (1994) *Situated Meaning: Inside and Outside in Japanese Self, Society, and Language*. Princeton University Press.

〈ちょっと勉強6〉

島村修治（一九七七）『世界の姓名』講談社

〈Ⅶ章〉

金田一春彦（一九九一）『日本語の特質』ＮＨＫブックス
鈴木孝夫（一九七三）『ことばと文化』岩波新書
徐　潤純（一九九九）「韓日両語における呼称と人称詞についての考察―自称詞を中心として」韓国・中央

大学校大学院レポート
羅　聖淑（一九九二）「韓国と日本の言語行動の違い—既婚女性の呼称を中心に」『日本語学』第一一巻一三号　明治書院
劉　孝鐘（一九九四）「人称、呼称でみる日本語と韓国語のあいだ」『東西南北1993　文化としての言葉—あなたと私の世界』和光大学総合文化研究所
渡辺吉鎔・鈴木孝夫（一九八一）『朝鮮語のすすめ』講談社現代新書

索　引

【著者略歴】

任　栄哲（イム　ヨンチョル）

1949年，韓国全羅南道生まれ。大阪大学大学院文学研究科博士前期・後期課程修了，学術博士（Ph.D. 大阪大学）。専門は日本語学・社会言語学。東京大学・大阪大学・大阪樟蔭女子大学客員研究員，国立国語研究所特別招聘研究員を経て，現在，中央大学校文科大学名誉教授，WH異文化研究所所長。韓国・日本語学会前会長。主な著書に『在日・在米韓国人および韓国人の言語生活の実態』（1993，くろしお出版），『在米韓国人および中国朝鮮族の言語生活』（2003，中西印刷），『在日コリアンの言語相』（共著，2004，和泉書院），『韓国の日常世界――生活・社会・文化の基礎知識』（2004，ベスト新書），『韓国人による日本社会言語学研究』（編著，2006，おうふう），『対人行動の日韓対照研究――言語行動の基底にあるもの』（共著，2008，ひつじ書房），『日本の日常世界』（2006，J and C／韓国），『韓国語と日本語そして日本人とのコミュニケーション』（2008，太学社／韓国）など。ほかに多数の論文がある。

井出里咲子（いで　りさこ）

1966年，東京都生まれ。テキサス大学オースティン校人類学科言語人類学専攻博士課程修了（Ph.D.）。専門は言語人類学，社会言語学。韓国中央大学校文科大学日語日文学科専任講師，米国バッサー大学アジア研究科客員助教授を経て，現在，筑波大学大学院人文社会系国際日本研究専攻・CEGLOC（グローバルコミュニケーション教育センター）准教授。著書に『講座社会言語科学第1巻 異文化とコミュニケーション』（共著，2005，ひつじ書房），『開放系言語学への招待』（共著，2008，慶應義塾大学出版会），『サステイナブルな社会を目指して』（共著，2008，春風社），『雑談の美学―言語研究からの再考―』（共著，2016，ひつじ書房），『出産・子育てのナラティブ分析―日本人女性の生き方と社会の形』（共著，2017，大阪大学学術出版会），『言語人類学への招待―ディスコースから文化を読む』（共著，2019，ひつじ書房），*Bonding through Context: Language and Interactional Alignment in Japanese Situated Discourse.*（共著，2020，Pragmatic and Beyond Series. John Benjamins.）など。

〈ドルフィン・ブックス〉
箸《はし》とチョッカラク——ことばと文化《ぶんか》の日韓比較《にっかんひかく》

NDC801／xii, 273p／19cm

初版第1刷——2004年5月1日
第6刷——2021年9月1日

著者——任《いむ》 栄哲《よんちょる》・井出里咲子《いでりさこ》
発行者——鈴木一行
発行所——株式会社大修館書店
〒113-8541 東京都文京区湯島2-1-1
電話 03-3868-2651（販売部） 03-3868-2293（編集部）
振替 00190-7-40504
[出版情報] https://www.taishukan.co.jp
装丁者——佐々木哲也
本文イラスト——柳田千冬
印刷所——壮光舎印刷
製本所——ブロケード

ISBN978-4-469-21287-7 Printed in Japan